Chuť Ázie vo vašej kuchyni

Recepty na autentické ázijské jedlá, ktoré vám rozprúdia chuťové poháriky

Mia Tran

Obsah

Chrumkavé hovädzie mäso s kari omáčkou 10
Dusené kari hovädzie mäso 11
Vyprážané hovädzie s kari 13
Hovädzie mäso s cesnakom 15
Hovädzie mäso so zázvorom 16
Červené hovädzie mäso so zázvorom 17
Hovädzie mäso so zelenými fazuľkami 18
Hot Beef Be 20
Horúce hovädzie rezne 22
Hovädzie mäso so snehovým hráškom 23
Marinované dusené hovädzie mäso 25
Vyprážané hovädzie mäso a huby 26
Marinované pečené hovädzie mäso 27
Dusené hovädzie mäso s hubami 28
Vyprážané hovädzie mäso s rezancami 30
Hovädzie mäso s ryžovými rezancami 31
Hovädzie mäso s cibuľou 33
hovädzie mäso a hrášok 34
Pečená cibuľka popraskané hovädzie mäso 35
Hovädzie mäso so sušenou pomarančovou kôrou 36
Hovädzie mäso s ustricovou omáčkou 37
Hovädzie mäso s korením 38
paprikový steak 39
Hovädzie mäso s paprikou 41
Vyprážané hovädzie rezne so zelenou paprikou 43
Hovädzie mäso s čínskymi uhorkami 44
Steak so zemiakmi 44
Červené varené hovädzie mäso 45
Výdatné hovädzie mäso 46
Strúhané hovädzie mäso 47
Rodinné strúhané hovädzie mäso 48
Strúhané ochutené hovädzie mäso 49

Marinované hovädzie mäso so špenátom *50*
Hovädzie mäso z čiernej fazule s jarnou cibuľkou *53*
Vyprážané hovädzie mäso s jarnou cibuľkou *55*
Hovädzie mäso a jarná cibuľka s rybacou omáčkou *56*
Dusené hovädzie mäso *57*
dusené hovädzie *58*
Dusená hruď *59*
Hovädzie mäso z panvice *61*
steakové pásiky *62*
Dusené hovädzie mäso so sladkými zemiakmi *63*
hovädzia sviečkovica *65*
hovädzí toast *66*
Strúhané tofu chilli hovädzie mäso *66*
Hovädzie mäso s paradajkami *67*
Červené varené hovädzie mäso s repou *68*
Hovädzie mäso so zeleninou *69*
Dusené hovädzie mäso *72*
Plnený steak *73*
hovädzie halušky *75*
Chrumkavé mäsové guľky *77*
Mleté mäso s kešu orieškami *79*
Hovädzie mäso v červenej omáčke *80*
Hovädzie guličky s lepkavou ryžou *81*
Mäsové guľky so sladkokyslou omáčkou *82*
Dusený mäsový puding *84*
Mleté hovädzie mäso na pare *86*
Vyprážané mleté hovädzie mäso s ustricovou omáčkou *87*
hovädzie rolky *88*
Hovädzie a špenátové guličky *89*
Vyprážané hovädzie mäso s tofu *90*
Jahňacie so špargľou *92*
Grilované jahňacie mäso *93*
Jahňacie mäso so zelenými fazuľkami *94*
Dusené jahňacie *95*
Jahňacie s brokolicou *96*
Baránok s vodnými gaštanmi *97*

Jahňacie s kapustou ... 99
Jahňacie chow mein ... 100
Jahňacie karí ... 101
Voňavé jahňacie ... 102
Grilované jahňacie kocky ... 102
Jahňacie so snehovým hráškom ... 103
Marinované jahňacie mäso ... 104
Jahňacie s hubami ... 105
Jahňacie s ustricovou omáčkou ... 106
Červené varené jahňacie mäso ... 107
Jahňacie mäso s jarnou cibuľkou ... 108
Jemné jahňacie steaky ... 109
Jahňací guláš ... 110
Pečené jahňacie mäso ... 112
Pikantné dusené bravčové mäso ... 113
Bravčové buchty na pare ... 114
Bravčové s kapustou ... 116
Bravčové mäso s kapustou a paradajkami ... 119
Marinované bravčové mäso s kapustou ... 120
Bravčové mäso so zelerom ... 122
Bravčové s gaštanmi a šampiňónmi ... 123
Bravčová kotleta suey ... 124
Bravčové mäso Mein ... 126
Pečené bravčové mäso Mein ... 127
Bravčové mäso s chutney ... 128
Bravčové mäso s uhorkou ... 130
Chrumkavé bravčové balíčky ... 131
Rolky z bravčových vajec ... 133
Vaječné rolky s bravčovým mäsom a krevetami ... 134
Dusené bravčové mäso s vajcami ... 135
Ohnivé bravčové mäso ... 136
Vyprážaná bravčová panenka ... 137
Five Spice Bravčové mäso ... 138
Dusené voňavé bravčové mäso ... 139
Bravčové mäso s nakrájaným cesnakom ... 141
Vyprážané bravčové so zázvorom ... 142

Bravčové mäso so zelenými fazuľkami 143
Bravčové mäso so šunkou a tofu 144
Vyprážané bravčové kebaby 145
Dusené bravčové koleno v červenej omáčke 146
Marinované bravčové mäso 148
Marinované bravčové kotlety 149
Bravčové s hubami 150
Dusený mäsový koláč 151
Červené varené bravčové mäso s hubami 152
Bravčové s rezancami 153
Bravčové mäso a krevety s rezancami 154
Bravčové s ustricovou omáčkou 156
Bravčové mäso s arašidmi 157
Bravčové mäso s paprikou 159
Pikantné bravčové mäso s kyslou uhorkou 160
Bravčové mäso so slivkovou omáčkou 162
Bravčové mäso s krevetami 163
Červené varené bravčové mäso 164
Bravčové mäso v červenej omáčke 165
Bravčové mäso s ryžovými rezancami 167
Bohaté bravčové gule 168
Vyprážané bravčové kotlety 169
Korenené bravčové mäso 170
Hladké bravčové plátky 173
Bravčové mäso so špenátom a mrkvou 174
Dusené bravčové mäso 175
Pečené bravčové mäso 176
Bravčové mäso so sladkými zemiakmi 177
Bravčové sladkokyslé 178
Výdatné bravčové mäso 180
Bravčové mäso s tofu 181
Mäkké vyprážané bravčové mäso 182
Dvakrát varené bravčové mäso 183
bravčové mäso so zeleninou 183
Bravčové mäso s vlašskými orechmi 186
Bravčové wontony 187

Bravčové mäso s vodnými gaštanmi 188
Bravčové mäso a krevety wontons 189
Dusené mäsové guľky 190
Rebrá s omáčkou z čiernej fazule 192
Grilované náhradné rebierka 194
Grilované javorové náhradné rebrá 194
Vyprážané náhradné rebrá 195
Náhradné rebierka s pórom 196
Náhradné rebrá s hubami 198
Náhradné rebrá s pomarančom 199
Ananásové náhradné rebrá 201
Krevetové náhradné rebrá 203
Rebierka s ryžovým vínom 204
Náhradné rebrá so sezamovými semienkami 205
Sladkokyslé náhradné rebrá 207
Vyprážané náhradné rebrá 209
Náhradné rebrá s paradajkami 210
Grilovaná bravčová pečienka 211
Studené bravčové s horčicou 211
Čínske pečené bravčové mäso 212
Bravčové mäso so špenátom 213
Vyprážané bravčové fašírky 214

Chrumkavé hovädzie mäso s kari omáčkou

za 4

1 vajce, rozšľahané
15 ml/1 polievková lyžica kukuričného škrobu (kukuričný škrob)
5 ml/1 ČL sódy bikarbóny (prášok do pečiva)
15 ml/1 polievková lyžica ryžového vína alebo suchého sherry
15 ml/1 polievková lyžica sójovej omáčky
225 g chudého hovädzieho mäsa, nakrájaného na plátky
90 ml/6 lyžíc oleja
100 g kari pasty

Zmiešajte vajcia, kukuričný škrob, sódu bikarbónu, víno alebo sherry a sójovú omáčku. Vmiešame hovädzie mäso a 15 ml/1 PL oleja. Zvyšný olej rozohrejeme a zmes hovädzieho mäsa a vajec opekáme 2 minúty. Vyberte hovädzie mäso a vypustite olej. Pridajte kari pastu do panvice a priveďte do varu, potom pridajte hovädzie mäso späť do panvice, dobre premiešajte a podávajte.

Dusené kari hovädzie mäso

za 4

45 ml/3 lyžice arašidového oleja (arašidový olej)
5 ml/1 ČL soli
1 strúčik cesnaku, rozdrvený
450 g steaku zo skľučovadla nakrájaného na kocky
4 jarné cibuľky (jarné cibuľky), nakrájané na plátky
1 plátok koreňa zázvoru, nasekaný
30 ml/2 polievkové lyžice kari
15 ml/1 polievková lyžica ryžového vína alebo suchého sherry
15 ml/1 polievková lyžica cukru
400 ml/14 fl oz/1 ¬œ šálka hovädzieho vývaru
15 ml/1 polievková lyžica kukuričného škrobu (kukuričný škrob)
45 ml/3 lyžice vody

Rozohrejte olej a orestujte soľ a cesnak, kým jemne nezhnednú. Pridajte steak a pridajte olej, potom pridajte cibuľovú cibuľku a zázvor a opečte, kým mäso zo všetkých strán nezhnedne. Pridajte kari a duste 1 minútu. Primiešame víno alebo sherry a cukor, potom pridáme vývar, privedieme do varu, prikryjeme a dusíme, kým hovädzie mäso nezmäkne, asi 35 minút. Kukuričný škrob a vodu rozmixujeme na pastu, vmiešame do omáčky a za stáleho miešania dusíme, kým omáčka nezhustne.

Vyprážané hovädzie s kari

za 4

225 g chudého hovädzieho mäsa
30 ml/2 polievkové lyžice arašidového oleja (arašidový olej)
1 veľká cibuľa, nakrájaná na plátky
30 ml/2 polievkové lyžice kari
1 plátok koreňa zázvoru, nasekaný
15 ml/1 polievková lyžica ryžového vína alebo suchého sherry
120 ml/4 fl oz/¬Ω šálka hovädzieho vývaru
5 ml/1 ČL cukru
15 ml/1 polievková lyžica kukuričného škrobu (kukuričný škrob)
45 ml/3 lyžice vody

Hovädzie mäso nakrájajte na tenké plátky proti zrnu. Zahrejte olej a opečte cibuľu, kým nebude priehľadná. Pridajte kari a zázvor a smažte niekoľko sekúnd. Pridajte hovädzie mäso a duste, kým nezhnedne. Pridajte víno alebo sherry a vývar, priveďte do varu, prikryte a dustc asi 5 minút, kým nebude hovädzie mäso hotové. miešať cukor,

Do panvice rozšľaháme kukuričný škrob a vodu a za stáleho miešania dusíme, kým omáčka nezhustne.

Hovädzie mäso s cesnakom

za 4

350 g chudého hovädzieho mäsa, nakrájaného na plátky
4 strúčiky cesnaku, nakrájané na plátky
1 červená paprika, nakrájaná na plátky
45 ml/3 lyžice sójovej omáčky
45 ml/3 lyžice arašidového oleja (arašidový olej)
5 ml/1 ČL kukuričného škrobu (kukuričný škrob)
15 ml/1 polievková lyžica vody

Hovädzie mäso zmiešame s cesnakom, čili papričkou a 30 ml/2 PL sójovej omáčky a za občasného miešania necháme 30 minút odpočívať. Zahrejte olej a smažte hovädziu zmes niekoľko minút, kým nebude takmer uvarená. Zvyšné ingrediencie vymiešame na pastu, pridáme na panvicu a ďalej varíme, kým sa hovädzie mäso neuvarí.

Hovädzie mäso so zázvorom

za 4

15 ml/1 polievková lyžica arašidového oleja (arašidový olej)
450 g chudého hovädzieho mäsa, nakrájaného na plátky
1 cibuľa, nakrájaná na tenké plátky
2 strúčiky cesnaku, rozdrvené
2 kusy kandizovaného zázvoru, nakrájané na tenké plátky
15 ml/1 polievková lyžica sójovej omáčky
150 ml/¬° pt/štedrá ¬Ω šálka vody
2 paličky zeleru, nakrájané diagonálne
5 ml/1 ČL soli

Rozpálime olej a opražíme hovädzie mäso, cibuľu a cesnak, kým jemne nezhnednú. Pridajte zázvor, sójovú omáčku a vodu, priveďte do varu, prikryte a duste 25 minút. Pridáme zeler, prikryjeme a dusíme ďalších 5 minút. Pred podávaním posypte soľou.

Červené hovädzie mäso so zázvorom

za 4

450 g chudého hovädzieho mäsa
2 plátky koreňa zázvoru, nasekané
4 nasekané jarné cibuľky (cibuľka).
120 ml/4 fl oz/¬Ω šálka sójovej omáčky
60 ml/4 lyžice ryžového vína alebo suchého sherry
400 ml/14 fl oz/1 ¬œ šálka vody
15 ml/1 polievková lyžica hnedého cukru

Všetky ingrediencie dáme do ťažkého hrnca, privedieme k varu, prikryjeme a za občasného otáčania varíme asi 1 hodinu, kým hovädzie mäso nezmäkne.

Hovädzie mäso so zelenými fazuľkami

za 4

225 g rump steaku nakrájaného na tenké plátky
30 ml/2 lyžice kukuričného škrobu (kukuričný škrob)
15 ml/1 polievková lyžica ryžového vína alebo suchého sherry
15 ml/1 polievková lyžica sójovej omáčky
30 ml/2 polievkové lyžice arašidového oleja (arašidový olej)
2,5 ml/¬Ω lyžičky soli
2 strúčiky cesnaku, rozdrvené
225 gramov zelenej fazuľky
225 g bambusových výhonkov nakrájaných na plátky
50 g húb, nakrájaných na plátky
50 g vodných gaštanov, nakrájaných na plátky
150 ml/¬° pt/štedrá ¬Ω šálka kuracieho vývaru

Vložte steak do misy. Zmiešajte 15 ml/1 ČL kukuričného škrobu, vína alebo sherry a sójovej omáčky, vmiešajte do mäsa a 30 minút marinujte. Rozpálime olej so soľou a cesnakom a opekáme, kým cesnak jemne nezhnedne. Pridajte mäso a marinádu a smažte 4 minúty. Pridáme fazuľu a restujeme 2 minúty. Pridajte zvyšné ingrediencie, priveďte do varu a varte 4 minúty. Zostávajúci kukuričný škrob s . Zmiešať trochu vody a vmiešame do omáčky. Varte za stáleho miešania, kým omáčka nie je číra a nezhustne.

Hot Beef Be

za 4

450 g chudého hovädzieho mäsa
6 jarných cibuliek (jarných cibuľiek), nakrájaných na plátky
4 plátky koreňa zázvoru
15 ml/1 polievková lyžica ryžového vína alebo suchého sherry
15 ml/1 polievková lyžica sójovej omáčky
4 sušené červené chilli papričky, nasekané
10 zrniek korenia
1 klinček badián
300 ml/¬Ω pt/1¬° šálky vody
2,5 ml/¬Ω lyžičky chilli oleja

Hovädzie mäso vložte do misy s 2 jarnými cibuľkami, 1 plátkom zázvoru a polovicou vína a nechajte 30 minút marinovať.
Priveďte do varu veľký hrniec s vodou, pridajte hovädzie mäso a varte, kým nebude uzavretý

Odstráňte zo všetkých strán a nechajte odkvapkať. Zvyšnú jarnú cibuľku, zázvor a víno alebo sherry vložte na panvicu s čili, korením a badiánom a pridajte vodu. Priveďte do varu, pridajte hovädzie mäso, prikryte a duste asi 40 minút, kým hovädzie mäso nezmäkne. Hovädzie mäso vyberte z tekutiny a dobre sceďte. Nakrájajte na tenké plátky a poukladajte na predhriaty tanier. Podávame pokvapkané chilli olejom.

Horúce hovädzie rezne

za 4

150 ml/¬° pt/štedrá ¬Ω šálka arašidového (arašidového) oleja
450 g chudého hovädzieho mäsa nakrájaného proti zrnu
45 ml/3 lyžice sójovej omáčky
15 ml/1 polievková lyžica ryžového vína alebo suchého sherry
1 plátok koreňa zázvoru, nasekaný
1 sušené červené čili, nakrájané
2 mrkvy, nastrúhané
2 paličky zeleru, nakrájané diagonálne
10 ml/2 ČL soli

225 g dlhozrnnej ryže

Zohrejte dve tretiny oleja a duste hovädzie mäso, sójovú omáčku a víno alebo sherry 10 minút. Vyberte hovädzie mäso a rezervujte si omáčku. Zohrejte zvyšný olej a 1 minútu opečte zázvor, papriku a mrkvu. Pridáme zeler a restujeme 1 minútu. Pridajte hovädzie mäso a soľ a duste 1 minútu.

Medzitým uvarte ryžu vo vriacej vode do mäkka, asi 20 minút. Dobre sceďte a poukladajte na servírovací tanier. Prelejeme hovädzou zmesou a horúcou omáčkou.

Hovädzie mäso so snehovým hráškom

za 4

225 g chudého hovädzieho mäsa
30 ml/2 lyžice kukuričného škrobu (kukuričný škrob)
5 ml/1 ČL cukru
5 ml/1 ČL sójovej omáčky
10 ml/2 ČL ryžového vína alebo suchého sherry
30 ml/2 polievkové lyžice arašidového oleja (arašidový olej)
2,5 ml/¬Ω lyžičky soli
2 plátky koreňa zázvoru, nasekané
225 g cukrového hrášku (snehový hrášok)
60 ml/4 polievkové lyžice hovädzieho vývaru
10 ml/2 lyžičky vody
čerstvo mleté korenie

Hovädzie mäso nakrájajte na tenké plátky proti zrnu. Zmiešajte polovicu kukuričného škrobu, cukor, sójovú omáčku a víno alebo sherry, pridajte k hovädziemu mäsu a dobre premiešajte.
Polovicu oleja zohrejte a soľ a zázvor niekoľko sekúnd orestujte. Pridáme snehový hrášok a potrieme olejom. Pridajte vývar, priveďte do varu a dobre premiešajte, potom snehový hrášok a tekutinu vyberte z panvice. Zohrejte zvyšný olej a za stáleho

miešania opečte hovädzie mäso, kým jemne nezhnedne. Vložte snehový hrášok späť do panvice. zamiešať tie

Zvyšný kukuričný škrob zmiešame s vodou, vmiešame do panvice a dochutíme korením. Za stáleho miešania dusíme, kým omáčka nezhustne.

Marinované dusené hovädzie mäso

za 4

450 g Chucks steak
75 ml/5 lyžíc sójovej omáčky
60 ml/4 lyžice ryžového vína alebo suchého sherry
5 ml/1 ČL soli
15 ml/1 polievková lyžica kukuričného škrobu (kukuričný škrob)
45 ml/3 lyžice arašidového oleja (arašidový olej)
15 ml/1 polievková lyžica hnedého cukru
15 ml/1 polievková lyžica vínneho octu

Steak prepichnite na niekoľkých miestach a vložte do misy. Sójovú omáčku, víno alebo sherry a soľ zmiešame, nalejeme na mäso a za občasného otáčania necháme 3 hodiny odpočívať. Hovädzie mäso sceďte a marinádu zlikvidujte. Hovädzie mäso osušíme a poprášime kukuričným škrobom. Rozpálime olej a opečieme hovädzie mäso zo všetkých strán dohneda. Pridajte cukor a vínny ocot a toľko vody, aby pokryl hovädzie mäso. Privedieme do varu, prikryjeme a dusíme, kým mäso nezmäkne, asi 1 hodinu.

Vyprážané hovädzie mäso a huby

za 4

225 g chudého hovädzieho mäsa
15 ml/1 polievková lyžica kukuričného škrobu (kukuričný škrob)
15 ml/1 polievková lyžica ryžového vína alebo suchého sherry
15 ml/1 polievková lyžica sójovej omáčky
2,5 ml/¬Ω lyžičky cukru
45 ml/3 lyžice arašidového oleja (arašidový olej)
1 plátok koreňa zázvoru, nasekaný
2,5 ml/¬Ω lyžičky soli
225 g šampiňónov nakrájaných na plátky
120 ml/4 fl oz/¬Ω šálka hovädzieho vývaru

Hovädzie mäso nakrájajte na tenké plátky proti zrnu. Zmiešajte kukuričný škrob, víno alebo sherry, sójovú omáčku a cukor, vmiešajte do hovädzieho mäsa a dobre premiešajte. Zahrejte olej a 1 minútu orestujte zázvor. Pridajte hovädzie mäso a duste, kým nezhnedne. Pridajte soľ a huby a dobre premiešajte. Pridáme vývar, privedieme do varu a za stáleho miešania dusíme, kým omáčka nezhustne.

Marinované pečené hovädzie mäso

za 4

450 g chudého hovädzieho mäsa, nakrájaného na plátky
2 strúčiky cesnaku, rozdrvené
60 ml/4 lyžice sójovej omáčky
15 ml/1 polievková lyžica hnedého cukru
5 ml/1 ČL soli
30 ml/2 polievkové lyžice arašidového oleja (arašidový olej)

Vložte hovädzie mäso do misy a pridajte cesnak, sójovú omáčku, cukor a soľ. Dobre premiešame, prikryjeme a necháme asi 2 hodiny marinovať za občasného otáčania. Scedíme, zlikvidujeme marinádu. Zohrejte olej a za stáleho miešania opečte hovädzie mäso zo všetkých strán do hneda a ihneď podávajte.

Dusené hovädzie mäso s hubami

za 4

1 kg hovädzieho vrchu
Soľ a čerstvo mleté korenie
60 ml/4 lyžice sójovej omáčky
30 ml/2 polievkové lyžice hoisin omáčky
30 ml/2 lyžice medu
30 ml/2 lyžice vínneho octu
5 ml/1 ČL čerstvo mletého korenia
5 ml/1 ČL anízu, mletý
5 ml/1 ČL mletého koriandra
6 sušených čínskych húb
60 ml/4 polievkové lyžice arašidového oleja (arašidový olej)
5 ml/2 ČL kukuričného škrobu (kukuričný škrob)
15 ml/1 polievková lyžica vody
400 g paradajok z konzervy
6 jarných cibuliek (jarných cibuľiek), nakrájaných na prúžky
2 mrkvy, strúhané
30 ml/2 lyžice slivkovej omáčky
60 ml/4 lyžice nasekanej pažítky

Hovädzie mäso niekoľkokrát prepichnite vidličkou. Dochuťte soľou a korením a vložte do misy. Omáčky, med, vínny ocot, korenie a koreniny zmiešame, nalejeme na mäso, prikryjeme a necháme cez noc marinovať v chladničke.

Huby namočíme na 30 minút do teplej vody a potom scedíme. Vyhoďte stonky a nakrájajte čiapky. Rozohrejte olej a mäso za častého obracania opečte dohneda. Zmiešajte kukuričný škrob a vodu a pridajte do panvice s paradajkami. Priveďte do varu, prikryte a duste do mäkka asi 1 Ω hodiny. Pridáme jarnú cibuľku a mrkvu a dusíme ďalších 10 minút, kým mrkva nezmäkne. Vmiešame slivkovú omáčku a dusíme 2 minúty. Mäso vyberieme z omáčky a nakrájame na hrubé plátky. Vráťte do omáčky prehriať a podávajte posypané pažítkou.

Vyprážané hovädzie mäso s rezancami

za 4

100 g tenkých vaječných rezancov
30 ml/2 polievkové lyžice arašidového oleja (arašidový olej)
225 g chudého hovädzieho mäsa, strúhaného
30 ml/2 lyžice sójovej omáčky
15 ml/1 polievková lyžica ryžového vína alebo suchého sherry
2,5 ml/¬Ω lyžičky soli
2,5 ml/¬Ω lyžičky cukru
120 ml/4 fl oz/¬Ω šálka vody

Rezance namočte do mierneho mäkka, potom ich sceďte a nakrájajte na 7,5 cm kúsky. Zahrejte polovicu oleja a za stáleho miešania opečte hovädzie mäso, kým nezhnedne. Pridajte sójovú omáčku, víno alebo sherry, soľ a cukor a za stáleho miešania smažte 2 minúty, potom vyberte z panvice. Zohrejte zvyšný olej a za stáleho miešania opečte cestoviny, kým sa nepotiahnu olejom. Vráťte hovädziu zmes do panvice, pridajte vodu a priveďte do varu. Varte a varte asi 5 minút, kým sa tekutina nevsiakne.

Hovädzie mäso s ryžovými rezancami

za 4

4 sušené čínske huby
30 ml/2 polievkové lyžice arašidového oleja (arašidový olej)
2,5 ml/¬Ω lyžičky soli
225 g chudého hovädzieho mäsa, nakrájaného na plátky
100 g bambusových výhonkov nakrájaných na plátky
100 g zeleru, nakrájaného na plátky
1 cibuľa, nakrájaná na plátky
120 ml/4 fl oz/¬Ω šálka hovädzieho vývaru
2,5 ml/¬Ω lyžičky cukru
10 ml/2 ČL kukuričného škrobu (kukuričný škrob)
5 ml/1 ČL sójovej omáčky
15 ml/1 polievková lyžica vody
100 g ryžových rezancov
olej na vyprážanie

Huby namočíme na 30 minút do teplej vody a potom scedíme. Vyhoďte stonky a nakrájajte čiapky. Polovicu oleja zohrejte a opečte soľ a hovädzie mäso, kým jemne nezhnedne, potom vyberte z panvice. Zohrejte zvyšný olej a za stáleho miešania opečte zeleninu do mäkka. Primiešame vývar a cukor a privedieme do varu. Hovädzie mäso vrátime do panvice, prikryjeme a dusíme 3 minúty. Zmiešajte kukuričný škrob, sójovú omáčku a vodu, vmiešajte do panvice a za stáleho miešania duste, kým zmes nezhustne. Medzitým na rozpálenom oleji opražte ryžové rezance niekoľko sekúnd, kým nie sú nafúknuté a chrumkavé a podávajte k hovädziemu mäsu.

Hovädzie mäso s cibuľou

za 4

60 ml/4 polievkové lyžice arašidového oleja (arašidový olej)

300 g chudého hovädzieho mäsa nakrájaného na prúžky

100 g cibule, nakrájanej na prúžky

15 ml/1 polievková lyžica kuracieho vývaru

5 ml/1 ČL ryžového vína alebo suchého sherry

5 ml/1 ČL cukru

5 ml/1 ČL sójovej omáčky

Soľ-

sezamový olej

Rozohrejte olej a na prudkom ohni opečte hovädzie mäso a cibuľu, kým jemne nezhnednú. Primiešame vývar, víno alebo sherry, cukor a sójovú omáčku a krátko povaríme, kým sa nespojí. Pred podávaním dochutíme soľou a sezamovým olejom.

hovädzie mäso a hrášok

za 4

30 ml/2 polievkové lyžice arašidového oleja (arašidový olej)
450 g chudého hovädzieho mäsa, nakrájaného na kocky
2 cibule, nakrájané na plátky
2 paličky zeleru, nakrájané na plátky
100 g čerstvého alebo mrazeného hrášku, rozmrazeného
250 ml / 1 šálka kuracieho vývaru
15 ml/1 polievková lyžica sójovej omáčky
15 ml/1 polievková lyžica kukuričného škrobu (kukuričný škrob)

Rozohrejte olej a za stáleho miešania opečte hovädzie mäso, kým jemne nezhnedne. Pridajte cibuľu, zeler a hrášok a restujte 2 minúty. Pridajte vývar a sójovú omáčku, priveďte do varu, prikryte a duste 10 minút. Kukuričný škrob zmiešame s trochou vody a vmiešame do omáčky. Varte za stáleho miešania, kým omáčka nie je číra a nezhustne.

Pečená cibuľka popraskané hovädzie mäso

za 4

225 g chudého hovädzieho mäsa
2 jarné cibuľky (nakrájaná cibuľka).
30 ml/2 lyžice sójovej omáčky
30 ml/2 lyžice ryžového vína alebo suchého sherry
30 ml/2 polievkové lyžice arašidového oleja (arašidový olej)
1 strúčik cesnaku, rozdrvený
5 ml/1 ČL vínneho octu
pár kvapiek sezamového oleja

Hovädzie mäso nakrájajte na tenké plátky proti zrnu. Jarnú cibuľku, sójovú omáčku a víno alebo sherry zmiešame, vmiešame do hovädzieho mäsa a necháme 30 minút odstáť. Scedíme, zlikvidujeme marinádu. Zohrejte olej a opečte cesnak, kým jemne nezhnedne. Pridajte hovädzie mäso a duste, kým nezhnedne. Pridáme ocot a sezamový olej, prikryjeme a dusíme 2 minúty.

Hovädzie mäso so sušenou pomarančovou kôrou

za 4

450 g chudého hovädzieho mäsa, nakrájaného na tenké plátky

5 ml/1 ČL soli

olej na vyprážanie

30 ml/2 polievkové lyžice arašidového oleja (arašidový olej)

100 g sušenej pomarančovej kôry

2 sušené chilli papričky nakrájané nadrobno

5 ml/1 ČL čerstvo mletého korenia

45 ml/3 lyžice hovädzieho vývaru

2,5 ml/¬Ω lyžičky cukru

15 ml/1 polievková lyžica ryžového vína alebo suchého sherry

5 ml/1 ČL vínneho octu

2,5 ml/¬Ω lyžičky sezamového oleja

Hovädzie mäso posypte soľou a nechajte 30 minút odpočívať. Rozpálime olej a prudko opečieme hovädzie mäso. Vyberte a dobre sceďte. Rozohrejte olej a 1 minútu primiešajte pomarančovú kôru, čili a korenie. Pridáme hovädzie mäso a vývar a privedieme do varu. Pridáme cukor a vínny ocot a dusíme, kým nezostane veľa tekutiny. Vmiešame vínny ocot a sezamový olej a dobre premiešame. Podávame na lôžku z listov šalátu.

Hovädzie mäso s ustricovou omáčkou

za 4

15 ml/1 polievková lyžica arašidového oleja (arašidový olej)
2 strúčiky cesnaku, rozdrvené
450 g rump steaku nakrájaného na plátky
100 gramov húb
15 ml/1 polievková lyžica ryžového vína alebo suchého sherry
150 ml/¬° pt/štedrá ¬Ω šálka kuracieho vývaru
30 ml/2 lyžice ustricovej omáčky
5 ml/1 ČL hnedého cukru
Soľ a čerstvo mleté korenie
4 jarné cibuľky (jarné cibuľky), nakrájané na plátky
15 ml/1 polievková lyžica kukuričného škrobu (kukuričný škrob)

Zohrejte olej a opečte cesnak, kým jemne nezhnedne. Pridajte steak a šampiňóny a za stáleho miešania opečte, kým jemne nezhnednú. Pridajte víno alebo sherry a restujte 2 minúty. Pridajte vývar, ustricovú omáčku a cukor a dochuťte soľou a korcním. Priveďte do varu a za občasného miešania varte 4 minúty. Pridajte jarnú cibuľku. Zmiešajte kukuričný škrob s trochou vody a vmiešajte do panvice. Varte za stáleho miešania, kým omáčka nie je číra a nezhustne.

Hovädzie mäso s korením

za 4

350 g chudého hovädzieho mäsa nakrájaného na prúžky
75 ml/5 lyžíc sójovej omáčky
75 ml/5 lyžíc arašidového oleja (arašidový olej)
5 ml/1 ČL kukuričného škrobu (kukuričný škrob)
75 ml/5 lyžíc vody
2 cibule, nakrájané na plátky
5 ml/1 ČL ustricovej omáčky
čerstvo mleté korenie
košíky na cestoviny

Marinujte hovädzie mäso so sójovou omáčkou, 15 ml/1 ČL oleja, kukuričným škrobom a vodou po dobu 1 hodiny. Mäso vyberieme z marinády a dobre scedíme. Zohrejte zvyšný olej, opečte hovädzie mäso a cibuľu, kým jemne nezhnednú. Pridajte marinádu a ustricovú omáčku a bohato dochuťte korením. Priveďte do varu, prikryte a za občasného miešania duste 5 minút. Podávajte s košíkmi na cestoviny.

paprikový steak

za 4

45 ml/3 lyžice arašidového oleja (arašidový olej)
5 ml/1 ČL soli
2 strúčiky cesnaku, rozdrvené
450 g sviečkovice, nakrájanej na tenké plátky
1 cibuľa, nakrájaná na kolieska
2 zelené papriky, nahrubo nakrájané
120 ml/4 fl oz/¬Ω šálka hovädzieho vývaru
5 ml/1 ČL hnedého cukru
5 ml/1 ČL ryžového vína alebo suchého sherry
Soľ a čerstvo mleté korenie
30 ml/2 lyžice kukuričného škrobu (kukuričný škrob)
30 ml/2 lyžice sójovej omáčky

Olej zohrejte so soľou a cesnakom, kým cesnak jemne nezhnedne, potom pridajte steak a za stáleho miešania opečte, kým nezhnedne zo všetkých strán. Pridajte cibuľu a papriku a restujte 2 minúty. Pridajte vývar, cukor, víno alebo sherry a dochuťte soľou a korením. Priveďte do varu, prikryte a duste 5 minút. Zmiešajte kukuričný škrob a sójovú omáčku a vmiešajte do omáčky. Varte za stáleho miešania, kým omáčka nie je číra a nezhustne. V prípade potreby pridajte trochu vody, aby omáčka získala požadovanú konzistenciu.

Hovädzie mäso s paprikou

za 4

350 g chudého hovädzieho mäsa, nakrájaného na tenké plátky
3 červené chilli paprički zbavené semienok a nakrájané
3 jarné cibuľky (jarné cibuľky), nakrájané na kúsky
2 strúčiky cesnaku, rozdrvené
15 ml/1 polievková lyžica omáčky z čiernej fazule
1 mrkva, nakrájaná na plátky
3 zelené papriky, nakrájané na kúsky
Soľ-
15 ml/1 polievková lyžica arašidového oleja (arašidový olej)
5 ml/1 ČL sójovej omáčky
45 ml/3 lyžice vody
5 ml/1 ČL ryžového vína alebo suchého sherry
5 ml/1 ČL kukuričného škrobu (kukuričný škrob)

Marinujte hovädzie mäso s čili, jarnou cibuľkou, cesnakom, omáčkou z čiernej fazule a mrkvou po dobu 1 hodiny. Papriky blanšírujeme vo vriacej osolenej vode 3 minúty a dobre scedíme. Rozpálime olej a hovädziu zmes opekáme 2 minúty. Pridajte papriku a duste 3 minúty. Pridajte sójovú omáčku, vodu a víno alebo sherry. Kukuričnú múku zmiešame s trochou vody, vmiešame do panvice a za stáleho miešania dusíme, kým omáčka nezhustne.

Vyprážané hovädzie rezne so zelenou paprikou

za 4

225 g chudého hovädzieho mäsa, strúhaného
1 vaječný bielok
15 ml/1 polievková lyžica kukuričného škrobu (kukuričný škrob)
2,5 ml/½ lyžičky soli
5 ml/1 ČL ryžového vína alebo suchého sherry
2,5 ml/½ lyžičky cukru
olej na vyprážanie
30 ml/2 polievkové lyžice arašidového oleja (arašidový olej)
2 červené chilli papričky, nakrájané na kocky
2 plátky koreňa zázvoru, nasekané
15 ml/1 polievková lyžica sójovej omáčky
2 veľké zelené papriky, nakrájané na kocky

Hovädzie mäso vložte do misky s bielkom, kukuričným škrobom, soľou, vínom alebo sherry a cukrom a nechajte 30 minút marinovať. Zahrejte olej a opečte hovädzie mäso, kým jemne nezhnedne. Vyberte z panvice a dobre sceďte. Rozohrejte olej a pár sekúnd orestujte čili a zázvor. Pridajte hovädzie mäso a sójovú omáčku a duste, kým nezmäknú. Pridajte zelenú papriku, dobre premiešajte a smažte 2 minúty. Ihneď podávajte.

Hovädzie mäso s čínskymi uhorkami

za 4

100 g čínskych uhoriek, nakrájaných
450 g chudého steaku nakrájaného proti zrnu
30 ml/2 lyžice sójovej omáčky
5 ml/1 ČL soli
2,5 ml/¬Ω ČL čerstvo mletého korenia
60 ml/4 polievkové lyžice arašidového oleja (arašidový olej)
15 ml/1 polievková lyžica kukuričného škrobu (kukuričný škrob)

Všetky ingrediencie dôkladne premiešajte a vložte do misky vhodnej do rúry. Misku položte na mriežku v parnom hrnci, prikryte a duste nad vriacou vodou 40 minút, kým hovädzie mäso nezmäkne.

Steak so zemiakmi

za 4

450 g steaku

60 ml/4 polievkové lyžice arašidového oleja (arašidový olej)

5 ml/1 ČL soli

2,5 ml/¬Ω ČL čerstvo mletého korenia

1 cibuľa, nakrájaná

1 strúčik cesnaku, rozdrvený

225 g zemiakov nakrájaných na kocky

175 ml/6 fl oz/¬œ šálka hovädzieho vývaru

250 ml / 1 šálka nasekaných zelerových listov

30 ml/2 lyžice kukuričného škrobu (kukuričný škrob)

15 ml/1 polievková lyžica sójovej omáčky

60 ml/4 polievkové lyžice vody

Steak nakrájajte na pásiky a potom na tenké pásiky proti zrnitosti. Zohrejte olej a steak zľahka opečte so soľou, korením, cibuľou a cesnakom. Pridajte zemiaky a vývar, priveďte do varu, prikryte a duste 10 minút. Pridáme zelerové listy a dusíme do mäkka, asi 4 minúty. Kukuričnú múku, sójovú omáčku a vodu zmiešame na pastu, pridáme do panvice a za stáleho miešania dusíme, kým omáčka nebude číra a hustá.

Červené varené hovädzie mäso

za 4

450 g chudého hovädzieho mäsa

120 ml/4 fl oz/¬Ω šálka sójovej omáčky
60 ml/4 lyžice ryžového vína alebo suchého sherry
15 ml/1 polievková lyžica hnedého cukru
375 ml/13 fl oz/1¬Ω šálky vody

Na panvici s hrubým dnom zmiešajte hovädzie mäso, sójovú omáčku, víno alebo sherry a cukor a priveďte do varu. Prikryjeme a dusíme 10 minút, pričom raz alebo dvakrát otočíme. Vmiešame do vody a povaríme. Prikryjeme a dusíme asi 1 hodinu, kým mäso nezmäkne. Ak je mäso príliš suché, pridajte počas pečenia trochu vriacej vody. Podávajte teplé alebo studené.

Výdatné hovädzie mäso

za 4

30 ml/2 polievkové lyžice arašidového oleja (arašidový olej)
450 g chudého hovädzieho mäsa, nakrájaného na kocky
2 jarné cibuľky (plátky cibule).

2 strúčiky cesnaku, rozdrvené

1 plátok koreňa zázvoru, nasekaný

2 klinčeky badiánu, rozdrvené

250 ml / 8 fl oz / 1 šálka sójovej omáčky

30 ml/2 lyžice ryžového vína alebo suchého sherry

30 ml/2 lyžice hnedého cukru

5 ml/1 ČL soli

600 ml/1 pt/2Ω šálky vody

Rozohrejeme olej a opečieme hovädzie mäso, kým jemne nezhnedne. Prebytočný olej scedíme a pridáme jarnú cibuľku, cesnak, zázvor a aníz a restujeme 2 minúty. Pridajte sójovú omáčku, víno alebo sherry, cukor a soľ a dobre premiešajte. Pridajte vodu, priveďte do varu, prikryte a varte 1 hodinu. Odstráňte pokrievku a dusíme, kým sa omáčka nezredukuje.

Strúhané hovädzie mäso

za 4

750 g chudého hovädzieho mäsa, nakrájaného na kocky

250 ml/8 fl oz/1 šálka hovädzieho vývaru

120 ml/4 fl oz/¬Ω šálka sójovej omáčky

60 ml/4 lyžice ryžového vína alebo suchého sherry

45 ml/3 lyžice arašidového oleja (arašidový olej)

Na panvici s hrubým dnom pridajte hovädzie mäso, vývar, sójovú omáčku a víno alebo sherry. Priveďte do varu a varte za stáleho miešania, kým sa tekutina neodparí. Nechajte vychladnúť a potom dajte do chladničky. Nastrúhajte hovädzie mäso dvoma vidličkami. Zahrejte olej, potom pridajte hovädzie mäso a rýchlo opečte, kým sa nepokryje olejom. Pokračujte vo varení na stredne vysokej teplote, kým hovädzie mäso nebude úplne suché. Necháme vychladnúť a podávame s cestovinou alebo ryžou.

Rodinné strúhané hovädzie mäso

za 4

225 g hovädzieho mäsa, strúhaného
15 ml/1 polievková lyžica sójovej omáčky
15 ml/1 polievková lyžica ustricovej omáčky
45 ml/3 lyžice arašidového oleja (arašidový olej)
1 plátok koreňa zázvoru, nasekaný
1 červená paprika, nakrájaná

4 paličky zeleru, nakrájané diagonálne
15 ml/1 polievková lyžica horúcej fazuľovej omáčky
5 ml/1 ČL soli
15 ml/1 polievková lyžica ryžového vína alebo suchého sherry
5 ml/1 ČL sezamového oleja
5 ml/1 ČL vínneho octu
čerstvo mleté korenie

Vložte hovädzie mäso do misky so sójovou omáčkou a ustricovou omáčkou a nechajte 30 minút marinovať. Zahrejte olej a opečte hovädzie mäso, kým nie je mierne hnedé, potom vyberte z panvice. Pridajte zázvor a čili a pár sekúnd restujte. Pridajte zeler a za stáleho miešania varte do polovice. Pridajte hovädzie mäso, horúcu fazuľovú omáčku a soľ a dobre premiešajte. Pridajte víno alebo sherry, sezamový olej a ocot a za stáleho miešania smažte, kým hovädzie mäso nezmäkne a ingrediencie sa dobre nespoja. Podávame posypané korením.

Strúhané ochutené hovädzie mäso

za 4

90 ml/6 polievkových lyžíc arašidového oleja (arašidový olej)
450 g chudého hovädzieho mäsa nakrájaného na prúžky

50 g pasty z čili fazule
čerstvo mleté korenie
15 ml/1 polievková lyžica nasekaného koreňa zázvoru
30 ml/2 lyžice ryžového vína alebo suchého sherry
225 g zeleru, nakrájaného na kúsky
30 ml/2 lyžice sójovej omáčky
5 ml/1 ČL cukru
5 ml/1 ČL vínneho octu

Rozpálime olej a opečieme hovädzie mäso do hneda. Pridajte pastu z čili fazule a korenie a za stáleho miešania smažte 3 minúty. Pridajte zázvor, víno alebo sherry a zeler a dobre premiešajte. Pridáme sójovú omáčku, cukor a ocot a za stáleho miešania restujeme 2 minúty.

Marinované hovädzie mäso so špenátom

za 4
450 g chudého hovädzieho mäsa, nakrájaného na tenké plátky
45 ml/3 lyžice ryžového vína alebo suchého sherry
15 ml/1 polievková lyžica sójovej omáčky
5 ml/1 ČL cukru
2,5 ml/¬Ω lyžičky sezamového oleja
450 g špenátu
45 ml/3 lyžice arašidového oleja (arašidový olej)

2 plátky koreňa zázvoru, nasekané
30 ml/2 polievkové lyžice hovädzieho vývaru
5 ml/1 ČL kukuričného škrobu (kukuričný škrob)

Mäso mierne sploštíme stlačením prstami. Zmiešajte víno alebo sherry, sójovú omáčku, sherry a sezamový olej. Pridajte mäso, prikryte a za občasného miešania dajte na 2 hodiny do chladničky. Listy špenátu nakrájajte na veľké kúsky a stonky na hrubé plátky. Zahrejte 30 ml/2 polievkové lyžice oleja a za stáleho miešania opekajte stonky špenátu a zázvor 2 minúty. Vyberte z panvice.

Zohrejte zvyšný olej. Mäso sceďte, marinádu si odložte. Pridajte polovicu mäsa do panvice a rozložte plátky, aby sa neprekrývali. Smažte 3 minúty, kým z oboch strán jemne nezhnedne. Vyberte z panvice a opečte zvyšné mäso, potom vyberte z panvice. Do marinády vmiešame vývar a kukuričný škrob. Nalejte zmes do panvice a priveďte do varu. Pridajte špenátové listy, stonky a zázvor. Dusíme 3 minúty, kým špenát nezvädne, potom vmiešame mäso. Varte 1 minútu, potom ihneď podávajte.

Hovädzie mäso z čiernej fazule s jarnou cibuľkou

za 4

225 g chudého hovädzieho mäsa, nakrájaného na tenké plátky
1 vajce, zľahka rozšľahané
5 ml/1 ČL svetlej sójovej omáčky
2,5 ml/¬Ω lyžičky ryžového vína alebo suchého sherry
2,5 ml/¬Ω lyžičky kukuričného škrobu (kukuričný škrob)
250 ml / 8 fl oz / 1 šálka arašidového oleja (arašidový olej)
2 strúčiky cesnaku, rozdrvené
30 ml/2 lyžice omáčky z čiernej fazule
15 ml/1 polievková lyžica vody
6 jarných cibuliek (jarných cibuľiek), šikmo nakrájaných
2 plátky koreňa zázvoru, nasekané

Zmiešajte hovädzie mäso s vajcom, sójovou omáčkou, vínom alebo sherry a kukuričným škrobom. Nechajte pôsobiť 10 minút. Zahrejte olej a opečte hovädzie mäso takmer do varu. Vyberte z panvice a dobre sceďte. Vypustite všetko okrem 15 ml/1 polievkovú lyžicu oleja, prehrejte a potom restujte ccsnak a omáčku z čiernej fazule 30 sekúnd. Pridajte hovädzie mäso a vodu a duste, kým hovädzie mäso nezmäkne, asi 4 minúty.

Medzitým zohrejeme ďalších 15 ml/ 1 ČL oleja a krátko podusíme jarnú cibuľku a zázvor. Hovädzie mäso naaranžujte na predhriaty tanier, posypte jarnou cibuľkou a podávajte.

Vyprážané hovädzie mäso s jarnou cibuľkou

za 4

45 ml/3 lyžice arašidového oleja (arašidový olej)
225 g chudého hovädzieho mäsa, nakrájaného na tenké plátky
8 jarných cibuliek (jarných cibuľiek), nakrájaných na plátky
75 ml/5 lyžíc sójovej omáčky
15 ml/1 polievková lyžica ryžového vína alebo suchého sherry
30 ml/2 lyžice sezamového oleja

Rozpálime olej a opražíme na ňom hovädzie mäso a cibuľu, kým jemne nezhnednú. Pridajte sójovú omáčku a víno alebo sherry a za stáleho miešania opekajte, kým sa mäso neuvarí, podľa chuti. Pred podávaním vmiešame sezamový olej.

Hovädzie mäso a jarná cibuľka s rybacou omáčkou

za 4

350 g chudého hovädzieho mäsa, nakrájaného na tenké plátky
15 ml/1 polievková lyžica kukuričného škrobu (kukuričný škrob)
15 ml/1 polievková lyžica vody
2,5 ml/¬Ω lyžičky ryžového vína alebo suchého sherry
Štipka sódy bikarbóny (prášok do pečiva)
štipka soli
45 ml/3 lyžice arašidového oleja (arašidový olej)
6 jarných cibuliek (jarných cibuľiek), nakrájaných na 5 cm/2 kúsky
2 strúčiky cesnaku, rozdrvené
2 plátky zázvoru, nasekané
5 ml/1 ČL rybacej omáčky
2,5 ml/¬Ω lyžičky ustricovej omáčky

Marinujte hovädzie mäso s kukuričným škrobom, vodou, vínom alebo sherry, sódou bikarbónou a soľou po dobu 1 hodiny. Zahrejte 30 ml/ 2 polievkové lyžice oleja a opečte hovädzie mäso s polovicou jarnej cibuľky, polovicou cesnaku a zázvoru, kým nie je dobre zhnednuté. Medzitým rozohrejeme zvyšný olej a opražíme zvyšnú jarnú cibuľku, cesnak a zázvor s rybacou omáčkou a ustricovou omáčkou do mäkka. Spolu premiešame a pred podávaním zohrejeme.

Dusené hovädzie mäso

za 4

450 g chudého hovädzieho mäsa, nakrájaného na plátky
5 ml/1 ČL kukuričného škrobu (kukuričný škrob)
2 plátky koreňa zázvoru, nasekané
15 ml/1 polievková lyžica sójovej omáčky
15 ml/1 polievková lyžica ryžového vína alebo suchého sherry
2,5 ml/¬Ω lyžičky soli
2,5 ml/¬Ω lyžičky cukru
15 ml/1 polievková lyžica arašidového oleja (arašidový olej)
2 jarné cibuľky (nakrájaná cibuľka).
15 ml/1 polievková lyžica nasekanej plochej petržlenovej vňate

Vložte hovädzie mäso do misy. Zmiešajte kukuričný škrob, zázvor, sójovú omáčku, víno alebo sherry, soľ a cukor a vmiešajte do hovädzieho mäsa. Za občasného miešania nechajte 30 minút odstáť. Plátky hovädzieho mäsa poukladajte do plytkej žiaruvzdornej misy a posypte olejom a jarnou cibuľkou. Dusíme na mriežke nad vriacou vodou asi 40 minút, kým nebude hovädzie mäso hotové. Podávame posypané petržlenovou vňaťou.

dusené hovädzie

za 4

15 ml/1 polievková lyžica arašidového oleja (arašidový olej)

1 strúčik cesnaku, rozdrvený

1 plátok koreňa zázvoru, nasekaný

450 g duseného steaku nakrájaného na kocky

45 ml/3 lyžice sójovej omáčky

30 ml/2 lyžice ryžového vína alebo suchého sherry

15 ml/1 polievková lyžica hnedého cukru

300 ml/¬Ω pt/1¬° šálky kuracieho vývaru

2 cibule, nakrájané na kolieska

2 mrkvy, nakrájané na hrubé plátky

100 g kapusty, strúhanej

Rozpálime olej s cesnakom a zázvorom a opekáme, kým cesnak jemne nezhnedne. Pridajte steak a varte 5 minút, kým nezhnedne. Pridáme sójovú omáčku, víno alebo sherry a cukor, prikryjeme a dusíme 10 minút. Pridáme vývar, privedieme do varu, prikryjeme a dusíme asi 30 minút. Pridáme cibuľu, mrkvu a kapustu, prikryjeme a dusíme ďalších 15 minút.

Dusená hruď

za 4

450 g hovädzej hrude
45 ml/3 lyžice arašidového oleja (arašidový olej)
3 jarné cibuľky (plátky cibule).
2 plátky koreňa zázvoru, nasekané
1 strúčik cesnaku, rozdrvený
120 ml/4 fl oz/¬Ω šálka sójovej omáčky
5 ml/1 ČL cukru
45 ml/3 lyžice ryžového vína alebo suchého sherry
3 klinčeky badiánu
4 mrkvy, nakrájané na kocky
225 g čínskej kapusty
15 ml/1 polievková lyžica kukuričného škrobu (kukuričný škrob)
45 ml/3 lyžice vody

Vložte hovädzie mäso do panvice a len podlejte vodou. Privedieme do varu, prikryjeme a dusíme domäkka, kým mäso nezmäkne, asi 1 Ω hodiny. Vyberte z panvice a dobre sceďte. Nakrájajte na 2,5 cm kocky a odložte si 250 ml vývaru.

Rozpálime olej a pár sekúnd orestujeme jarnú cibuľku, zázvor a cesnak. Pridajte sójovú omáčku, cukor, víno alebo sherry a badián a dobre premiešajte. Pridajte hovädzie mäso a rezervovaný vývar. Priveďte do varu, prikryte a duste 20 minút. Medzitým si vo vriacej vode uvaríme čínsku kapustu do mäkka. Mäso a zeleninu položte na predhriaty servírovací tanier. Kukuričnú múku a vodu zmiešame na pastu, vmiešame do omáčky a za stáleho miešania dusíme, kým omáčka nevyčnieva a nezhustne. Polejeme hovädzím mäsom a podávame s čínskou kapustou.

Hovädzie mäso z panvice

za 4

225 g chudého hovädzieho mäsa
45 ml/3 lyžice arašidového oleja (arašidový olej)
1 plátok koreňa zázvoru, nasekaný
2 strúčiky cesnaku, rozdrvené
2 jarné cibuľky (nakrájaná cibuľka).
50 g húb, nakrájaných na plátky
1 červená paprika, nakrájaná na plátky
225 g ružičiek karfiolu
50 g cukrového hrášku (snehový hrášok)
30 ml/2 lyžice sójovej omáčky
15 ml/1 polievková lyžica kukuričného škrobu (kukuričný škrob)
15 ml/1 polievková lyžica ryžového vína alebo suchého sherry
120 ml/4 fl oz/¬Ω šálka hovädzieho vývaru

Hovädzie mäso nakrájajte na tenké plátky proti zrnu. Polovicu oleja rozohrejte a zázvor, cesnak a jarnú cibuľku zľahka opečte. Pridajte hovädzie mäso a opečte, kým nezhnedne, potom vyberte z panvice. Zohrejte zvyšný olej a restujte zeleninu, kým nebude pokrytá olejom. Primiešame vývar, privedieme k varu, prikryjeme a dusíme, kým zelenina nezmäkne, ale stále chrumkavá. Zmiešajte sójovú omáčku, kukuričný škrob a víno alebo sherry a vmiešajte do panvice. Za stáleho miešania dusíme, kým omáčka nezhustne.

steakové pásiky

za 4

450 g rump steaku
120 ml/4 fl oz/¬Ω šálka sójovej omáčky
120 ml/4 fl oz/¬Ω šálka kuracieho vývaru
1 cm/¬Ω nakrájaný koreň zázvoru
2 strúčiky cesnaku, rozdrvené
30 ml/2 lyžice ryžového vína alebo suchého sherry
15 ml/1 polievková lyžica hnedého cukru
15 ml/1 polievková lyžica arašidového oleja (arašidový olej)

Vložte steak do mrazničky a potom nakrájajte na dlhé tenké plátky. Zmiešajte všetky zvyšné ingrediencie a steak marinujte v zmesi asi 6 hodín. Steak napichnite na namočené drevené špajle a grilujte niekoľko minút, kým nebude prepečený, za občasného potierania marinádou.

Dusené hovädzie mäso so sladkými zemiakmi

za 4

450 g chudého hovädzieho mäsa, nakrájaného na tenké plátky
15 ml/1 polievková lyžica omáčky z čiernej fazule
15 ml/1 polievková lyžica sladkej fazuľovej omáčky
15 ml/1 polievková lyžica sójovej omáčky
5 ml/1 ČL cukru
2 plátky koreňa zázvoru, nasekané
2 sladké zemiaky, nakrájané na kocky
30 ml/2 polievkové lyžice arašidového oleja (arašidový olej)
100 gramov strúhanky
15 ml/1 polievková lyžica sezamového oleja
3 jarné cibuľky (nakrájané nadrobno).

Hovädzie mäso vložte do misky s fazuľovými omáčkami, sójovou omáčkou, cukrom a zázvorom a nechajte 30 minút marinovať. Vyberte hovädzie mäso z marinády a pridajte sladké zemiaky. Nechajte pôsobiť 20 minút. Zemiaky poukladajte na spodok malého bambusového hrnca. Hovädzie mäso natrieme strúhankou a poukladáme na zemiaky. Prikryjeme a dusíme nad vriacou vodou 40 minút.

Zahrejte sezamový olej a pár sekúnd na ňom orestujte jarnú cibuľku. Lyžičkou nalejte hovädzie mäso a podávajte.

hovädzia sviečkovica

za 4

450 g chudého hovädzieho mäsa
45 ml/3 lyžice ryžového vína alebo suchého sherry
15 ml/1 polievková lyžica sójovej omáčky
10 ml/2 ČL ustricovej omáčky
5 ml/1 ČL cukru
5 ml/1 ČL kukuričného škrobu (kukuričný škrob)
2,5 ml/½ lyžičky sódy bikarbóny (prášok do pečiva)
štipka soli
1 strúčik cesnaku, rozdrvený
30 ml/2 polievkové lyžice arašidového oleja (arašidový olej)
2 cibule, nakrájané na tenké plátky

Mäso nakrájajte na tenké plátky cez zrno. Skombinujte víno alebo sherry, sójovú omáčku, ustricovú omáčku, cukor, kukuričný škrob, sódu bikarbónu, soľ a cesnak. Vmiešame mäso, prikryjeme a dáme do chladničky aspoň na 3 hodiny. Zahrejte olej a opečte cibuľu do zlatohneda, asi 5 minút. Preneste na predhriaty servírovací tanier a udržiavajte v teple. Do woku vložte trochu mäsa a plátky rozdeľte tak, aby sa neprekrývali. Smažte na každej strane, kým nezhnedne, asi 3 minúty, potom poukladajte na cibuľu a pokračujte v smažení zvyšného mäsa.

hovädzí toast

za 4

4 plátky chudého hovädzieho mäsa
1 vajce, rozšľahané
50 g/2 oz/¬Ω šálka vlašských orechov, nasekaných
4 krajce chleba
olej na vyprážanie

Hovädzie plátky vyrovnáme a dobre potrieme vajíčkom. Posypeme vlašskými orechmi a navrch položíme krajec chleba. Rozpálime olej a opekáme hovädzie mäso a plátky chleba asi 2 minúty. Odstráňte z oleja a nechajte vychladnúť. Zahrejte olej a znova ho opečte, kým nie je dobre zhnednutý.

Strúhané tofu chilli hovädzie mäso

za 4

225 g chudého hovädzieho mäsa, nakrájaného
1 vaječný bielok
2,5 ml/¬Ω lyžičky sezamového oleja
5 ml/1 ČL kukuričného škrobu (kukuričný škrob)
štipka soli
250 ml / 8 fl oz / 1 šálka arašidového oleja (arašidový olej)
100 g sušeného tofu nakrájaného na pásiky
5 červených čili papričiek nakrájaných na prúžky
15 ml/1 polievková lyžica vody
1 plátok koreňa zázvoru, nasekaný
10 ml/2 ČL sójovej omáčky

Hovädzie mäso zmiešame s bielkami, polovicou sezamového oleja, kukuričným škrobom a soľou. Zahrejte olej a opečte hovädzie mäso takmer do varu. Vyberte z panvice. Pridajte tofu na panvicu a smažte 2 minúty, potom vyberte z panvice. Pridáme čili papričky a 1 minútu restujeme. Vráťte tofu do panvice s vodou, zázvorom a sójovou omáčkou a dobre premiešajte. Pridajte hovädzie mäso a duste, kým sa dobre nespojí. Podávame pokvapkané zvyšným sezamovým olcjom.

Hovädzie mäso s paradajkami

za 4

30 ml/2 polievkové lyžice arašidového oleja (arašidový olej)

3 jarné cibuľky (jarné cibuľky), nakrájané na kúsky
225 g chudého hovädzieho mäsa nakrájaného na prúžky
60 ml/4 polievkové lyžice hovädzieho vývaru
15 ml/1 polievková lyžica kukuričného škrobu (kukuričný škrob)
45 ml/3 lyžice vody
4 paradajky zbavené kože a nakrájané na štvrtiny

Rozpálime olej a opražíme jarnú cibuľku do mäkka. Pridajte hovädzie mäso a duste, kým nezhnedne. Primiešame vývar, privedieme do varu, prikryjeme a dusíme 2 minúty. Zmiešajte kukuričný škrob a vodu, vmiešajte do panvice a varte za stáleho miešania, kým omáčka nezhustne. Vmiešame paradajky a dusíme, kým sa nezohrejú.

Červené varené hovädzie mäso s repou

za 4

450 g chudého hovädzieho mäsa
1 plátok koreňa zázvoru, nasekaný

*1 jarná cibuľka, nasekaná 120 ml/4 fl oz/½ šálka ryžového vína
alebo suchého sherry
250 ml / 8 fl oz / 1 šálka vody
2 klinčeky badiánu
1 malá repa, nakrájaná na kocky
120 ml/4 fl oz/½ šálka sójovej omáčky
15 ml/1 polievková lyžica cukru*

Hovädzie mäso, zázvor, jarnú cibuľku, víno alebo sherry, vodu a aníz dajte do panvice s hrubým dnom, priveďte do varu, prikryte a duste 45 minút. Pridajte repu, sójovú omáčku a cukor a podľa potreby ešte trochu vody, znova priveďte do varu, prikryte a duste ďalších 45 minút, kým hovädzie mäso nezmäkne. Necháme vychladnúť. Odstráňte hovädzie mäso a repu z omáčky. Nakrájajte hovädzie mäso a poukladajte na servírovací tanier s repou. Prelejeme omáčkou a podávame studené.

Hovädzie mäso so zeleninou

za 4

*225 g chudého hovädzieho mäsa
15 ml/1 polievková lyžica kukuričného škrobu (kukuričný škrob)
15 ml/1 polievková lyžica sójovej omáčky*

15 ml/1 polievková lyžica ryžového vína alebo suchého sherry

2,5 ml/¬Ω lyžičky cukru

45 ml/3 lyžice arašidového oleja (arašidový olej)

1 plátok koreňa zázvoru, nasekaný

2,5 ml/¬Ω lyžičky soli

100 g cibule, nakrájanej na plátky

2 paličky zeleru, nakrájané na plátky

1 červená paprika, nakrájaná na plátky

100 g bambusových výhonkov nakrájaných na plátky

100 g mrkvy, nakrájanej na plátky

120 ml/4 fl oz/¬Ω šálka hovädzieho vývaru

Hovädzie mäso nakrájajte na tenké plátky a vložte do misy. Zmiešajte kukuričný škrob, sójovú omáčku, víno alebo sherry a cukor, nalejte na hovädzie mäso a otočte na obal. Nechajte 30 minút odpočívať, občas otočte. Zahrejte polovicu oleja a za stáleho miešania opečte hovädzie mäso, kým nezhnedne, a potom ho vyberte z panvice. Zohrejte zvyšný olej, vmiešajte zázvor a soľ, potom pridajte zeleninu a za stáleho miešania opekajte, kým sa nepokryje olejom. Primiešame vývar, privedieme k varu, prikryjeme a dusíme, kým zelenina nezmäkne, ale stále chrumkavá. Vráťte hovädzie mäso do panvice a na miernom ohni miešajte asi 1 minútu, aby sa prehrialo.

Dusené hovädzie mäso

za 4

350 g rolovaného pečeného hovädzieho mäsa
30 ml/2 lyžice cukru
30 ml/2 lyžice ryžového vína alebo suchého sherry
30 ml/2 lyžice sójovej omáčky
5 ml/1 ČL škorice
2 jarné cibuľky (nakrájaná cibuľka).
1 plátok koreňa zázvoru, nasekaný
45 ml/3 lyžice sezamového oleja

Hrniec s vodou privedieme do varu, pridáme mäso, privedieme vodu do varu a rýchlo povaríme, aby mäso zovrel. Vyberte z panvice. Vložte mäso do čistej panvice a pridajte všetky zvyšné ingrediencie, pričom si nechajte 15 ml/1 polievkovú lyžicu sezamového oleja. Panvicu naplňte len takým množstvom vody, aby bolo mäso zakryté, priveďte do varu, prikryte a duste, kým mäso nezmäkne, asi 1 hodinu. Pred podávaním pokvapkáme zvyšným sezamovým olejom.

Plnený steak

Podáva 4,6

675 g rump steaku v jednom kuse
60 ml/4 lyžice vínneho octu
30 ml/2 lyžice cukru
10 ml/2 ČL sójovej omáčky
2,5 ml/½ ČL čerstvo mletého korenia
2,5 ml/½ lyžičky celých klinčekov
5 ml/1 ČL mletej škorice
1 bobkový list, rozdrvený
225 g varenej dlhozrnnej ryže
5 ml/1 ČL nasekanej čerstvej petržlenovej vňate
štipka soli
30 ml/2 polievkové lyžice arašidového oleja (arašidový olej)
30 ml/2 lyžice bravčovej masti
1 cibuľa, nakrájaná na plátky

Vložte steak do veľkej misy. Vínny ocot, cukor, sójovú omáčku, korenie, klinčeky, škoricu a bobkový list priveďte do varu na panvici a nechajte vychladnúť. Steak prelejeme, prikryjeme a za občasného otáčania necháme cez noc marinovať v chladničke.

Zmiešame ryžu, petržlenovú vňať, soľ a olej. Hovädzie mäso scedíme a zmesou potrieme steak, zvinieme a previažeme šnúrkou. Roztopíme masť, pridáme cibuľu a steak a opečieme zo všetkých strán dohneda. Nalejte toľko vody, aby steak takmer zakryl, a prikryté dusíme 1 Ω hodiny, alebo kým mäso nezmäkne.

hovädzie halušky

za 4

450 g hladkej (univerzálnej) múky
1 balíček droždia Easy-Mix
10 ml/2 ČL práškového cukru
5 ml/1 ČL soli
300 ml/¬Ω pt/1¬° šálky teplého mlieka alebo vody
30 ml/2 polievkové lyžice arašidového oleja (arašidový olej)
225 g mletého hovädzieho mäsa
1 cibuľa, nakrájaná
2 kusy stonky zázvoru, nasekané
50 g kešu orieškov, nasekaných
2,5 ml/¬Ω lyžičky prášku z piatich korení
15 ml/1 polievková lyžica sójovej omáčky
30 ml/2 polievkové lyžice hoisin omáčky
2,5 ml/¬Ω lyžičky vínneho octu
15 ml/1 polievková lyžica kukuričného škrobu (kukuričný škrob)
45 ml/3 lyžice vody

Múku, droždie, cukor, soľ a teplé mlieko alebo vodu zmiešame a vymiesime hladké cesto. Prikryjeme a necháme kysnúť na teplom mieste 45 minút. Rozohrejeme olej a opečieme hovädzie mäso, kým jemne nezhnedne. Pridajte cibuľu, zázvor, kešu oriešky, prášok z piatich korení, sójovú omáčku, omáčku hoisin a vínny ocot a priveďte do varu. Kukuričný škrob a vodu zmiešame, vmiešame do omáčky a 2 minúty podusíme. Necháme vychladnúť. Z cesta vytvarujeme 16 guličiek. Naplocho roztlačíme, lyžicou pridáme trochu plnky a cesto uzavrieme okolo plnky. Vložíme do parného koša do woku alebo panvice, prikryjeme a dusíme v osolenej vode asi 30 minút.

Chrumkavé mäsové guľky

za 4

225 g mletého hovädzieho mäsa
100 g nasekaných vodných gaštanov
2 vajcia, rozšľahané
5 ml/1 ČL strúhanej pomarančovej kôry
5 ml/1 ČL nasekaného koreňa zázvoru
5 ml/1 ČL soli
15 ml/1 polievková lyžica kukuričného škrobu (kukuričný škrob)
225 g (8 uncí/2 šálky) univerzálnej múky
5 ml/1 ČL sódy bikarbóny
300 ml/¬Ω pt/1¬Ω šálky vody
15 ml/1 polievková lyžica arašidového oleja (arašidový olej)
olej na vyprážanie

Zmiešajte hovädzie mäso, vodné gaštany, 1 vajce, pomarančovú kôru, zázvor, soľ a kukuričný škrob. Formujte do malých guľôčok. Vložte do misky v parnom hrnci nad vriacou vodou a varte, kým sa neuvarí, asi 20 minút. Necháme vychladnúť.

Zmiešajte múku, prášok do pečiva, zvyšné vajce, vodu a arašidový olej (arašidový olej), aby ste vytvorili husté cesto. Mäsové guľky namáčame v cestíčku. Rozpálime olej a fašírky opečieme do zlatista.

Mleté mäso s kešu orieškami

za 4

450 g mletého hovädzieho mäsa
¬Ω proteín
5 ml/1 ČL ustricovej omáčky
5 ml/1 ČL svetlej sójovej omáčky
pár kvapiek sezamového oleja
25 g čerstvej petržlenovej vňate, nasekanej
45 ml/3 lyžice arašidového oleja (arašidový olej)
25 g kešu oriešok, nasekaných
15 ml/1 polievková lyžica hovädzieho vývaru
4 veľké listy šalátu

Hovädzie mäso zmiešame s bielkom, ustricovou omáčkou, sójovou omáčkou, sezamovým olejom a petržlenovou vňaťou a necháme odležať. Zahrejte polovicu oleja a jemne opražte kešu oriešky, potom vyberte z panvice. Zohrejte zvyšný olej a opečte mäsovú zmes, kým nezhnedne. Pridajte vývar a pokračujte vo varení, kým sa takmer všetka tekutina neodparí. Listy hlávkového šalátu poukladajte na predhriaty servírovací tanier a po lyžičkách vložte mäso. Podávame posypané opraženými kešu orieškami

Hovädzie mäso v červenej omáčke

za 4

60 ml/4 polievkové lyžice arašidového oleja (arašidový olej)
450 g mletého hovädzieho mäsa
1 cibuľa, nakrájaná
1 červená paprika, nasekaná
1 zelená paprika, nasekaná
2 plátky ananásu, nasekané
45 ml/3 lyžice sójovej omáčky
45 ml/3 polievkové lyžice suchého bieleho vína
30 ml/2 lyžice vínneho octu
30 ml/2 lyžice medu
300 ml/¬Ω pt/1¬° šálky hovädzieho vývaru
Soľ a čerstvo mleté korenie
pár kvapiek chilli oleja

Rozohrejeme olej a opečieme hovädzie mäso, kým jemne nezhnedne. Pridajte zeleninu a ananás a duste 3 minúty. Pridáme sójovú omáčku, víno, vínny ocot, med a vývar. Priveďte do varu, prikryte a varte 30 minút do mäkka. Dochutíme soľou, korením a čili olejom.

Hovädzie guličky s lepkavou ryžou

za 4

225 g lepkavej ryže
450 g chudého hovädzieho mäsa, nasekané (mleté)
1 plátok koreňa zázvoru, nasekaný
1 malá cibuľa, nakrájaná
1 vajce, zľahka rozšľahané
15 ml/1 polievková lyžica sójovej omáčky
2,5 ml/¬Ω lyžičky kukuričného škrobu (kukuričný škrob)
2,5 ml/¬Ω lyžičky cukru
2,5 ml/¬Ω lyžičky soli
5 ml/1 ČL ryžového vína alebo suchého sherry

Ryžu namočte na 30 minút, potom ju sceďte a rozložte na tanier. Zmiešajte hovädzie mäso, zázvor, cibuľu, vajíčko, sójovú omáčku, kukuričný škrob, cukor, soľ a víno alebo sherry. Vytvarujte guľky veľkosti vlašského orecha. Mäsové guľky vhoďte do ryže, kým nebudú úplne obalené, a potom ich poukladajte na plytkú, od seba oddelenú nádobu na pečenic. Dusíme na mriežke nad jemne vriacou vodou 30 minút. Podávame so sójovou omáčkou a dipmi z čínskej horčice.

Mäsové guľky so sladkokyslou omáčkou

za 4

450 g mletého hovädzieho mäsa
1 cibuľu nakrájanú nadrobno
25 g vodných gaštanov nasekaných nadrobno
15 ml/1 polievková lyžica sójovej omáčky
15 ml/1 polievková lyžica ryžového vína alebo suchého sherry
1 vajce, rozšľahané
100 g/4 oz/¬Ω šálka kukuričného škrobu (kukuričný škrob)
olej na vyprážanie

Na omáčku:

15 ml/1 polievková lyžica arašidového oleja (arašidový olej)
1 zelená paprika, nakrájaná na kocky
100 g kúskov ananásu v sirupe
100 g zmiešaných čínskych sladkých uhoriek
100 g/4 oz/¬Ω šálka hnedého cukru
120 ml/4 fl oz/¬Ω šálka kuracieho vývaru
60 ml/4 lyžice vínneho octu
15 ml/1 polievková lyžica paradajkového pretlaku (pasta)
15 ml/1 polievková lyžica kukuričného škrobu (kukuričný škrob)
15 ml/1 polievková lyžica sójovej omáčky
Soľ a čerstvo mleté korenie

45 ml/3 lyžice strúhaného kokosu

Zmiešajte hovädzie mäso, cibuľu, vodné gaštany, sójovú omáčku a víno alebo sherry. Vytvarujte malé guľôčky a obalte ich v rozšľahanom vajci a potom v kukuričnom škrobe. Vyprážajte v horúcom oleji niekoľko minút, kým nezhnedne. Preneste na predhriaty servírovací tanier a udržiavajte v teple.

Medzitým rozohrejeme olej a 2 minúty opekáme papriku. Pridajte 30 ml/2 polievkové lyžice ananásového sirupu, 15 ml/1 polievkovú lyžicu octu, cukor, vývar, vínny ocot, paradajkový pretlak, kukuričný škrob a sójovú omáčku. Dobre premiešajte, priveďte do varu a za stáleho miešania varte, kým zmes nie je číra a nezhustne. Zvyšný ananás a kyslé uhorky sceďte a pridajte do panvice. Za stáleho miešania varte 2 minúty. Polejeme fašírky a podávame posypané kokosom.

Dusený mäsový puding

za 4

6 sušených čínskych húb
225 g mletého hovädzieho mäsa
225 g mletého (mletého) bravčového mäsa
1 cibuľa, nakrájaná na kocky
20 ml/2 lyžice mangového chutney
30 ml/2 polievkové lyžice hoisin omáčky
30 ml/2 lyžice sójovej omáčky
5 ml/1 lyžička prášku z piatich korení
1 strúčik cesnaku, rozdrvený
5 ml/1 ČL soli
1 vajce, rozšľahané
45 ml/3 lyžice kukuričného škrobu (kukuričný škrob)
60 ml/4 lyžice nasekanej pažítky
10 listov kapusty
300 ml/¬Ω pt/1¬° šálky hovädzieho vývaru

Huby namočíme na 30 minút do teplej vody a potom scedíme. Čiapky zlikvidujte a čiapky nakrájajte. Zmiešame s mletým hovädzím mäsom, cibuľou, chutney, hoisin omáčkou, sójovou omáčkou, práškom z piatich korení a cesnakom a dochutíme soľou. Pridáme vajíčko a kukuričný škrob a primiešame pažítku.

Naparovací kôš vystelieme kapustovými listami. Mleté mäso vyformujeme do tortovej formy a poukladáme na listy. Prikryjeme a dusíme nad jemne vriacim vývarom 30 minút.

Mleté hovädzie mäso na pare

za 4

450 g mletého hovädzieho mäsa
2 cibule, nakrájané nadrobno
100 g vodných gaštanov, jemné
nasekané
60 ml/4 lyžice sójovej omáčky
60 ml/4 lyžice ryžového vína alebo suchého sherry
Soľ a čerstvo mleté korenie

Všetky ingrediencie spolu zmiešame, dochutíme soľou a korením. Natlačíme do malej žiaruvzdornej misky a vložíme do parného hrnca nad vriacou vodou. Prikryjeme a dusíme asi 20 minút, kým sa mäso neprepečie a pokrm nevytvorí vlastnú lahodnú omáčku.

Vyprážané mleté hovädzie mäso s ustricovou omáčkou

za 4

30 ml/2 polievkové lyžice arašidového oleja (arašidový olej)
2 strúčiky cesnaku, rozdrvené
225 g mletého hovädzieho mäsa
1 cibuľa, nakrájaná
50 g nasekaných vodných gaštanov
50 g nasekaných bambusových výhonkov
15 ml/1 polievková lyžica sójovej omáčky
30 ml/2 lyžice ryžového vína alebo suchého sherry
15 ml/1 polievková lyžica ustricovej omáčky

Zohrejte olej a opečte cesnak, kým jemne nezhnedne. Pridáme mäso a miešame, kým zo všetkých strán nezhnedne. Pridajte cibuľu, vodné gaštany a bambusové výhonky a restujte 2 minúty. Primiešame sójovú omáčku a víno alebo sherry, prikryjeme a dusíme 4 minúty.

hovädzie rolky

za 4

350 g mletého hovädzieho mäsa
1 vajce, rozšľahané
5 ml/1 ČL kukuričného škrobu (kukuričný škrob)
5 ml/1 ČL arašidového oleja (arašidový olej)
Soľ a čerstvo mleté korenie
4 nasekané jarné cibuľky (nakrájaná cibuľka).
8 jarných závitkov olej na smaženie

Zmiešajte hovädzie mäso, vajce, kukuričný škrob, olej, soľ, korenie a zelenú cibuľku. Nechajte 1 hodinu. Do každého obalu na jarnú rolku po lyžičkách preložíme spodok, preložíme boky, potom obaly zvinieme a okraje prilepíme trochou vody. Rozpálime olej a rolky opečieme do zlatista a nie sú upečené. Pred podávaním dobre sceďte.

Hovädzie a špenátové guličky

za 4

450 g mletého hovädzieho mäsa
1 vajce
100 gramov strúhanky
60 ml/4 polievkové lyžice vody
15 ml/1 polievková lyžica kukuričného škrobu (kukuričný škrob)
2,5 ml/¬Ω lyžičky soli
15 ml/1 polievková lyžica ryžového vína alebo suchého sherry
30 ml/2 polievkové lyžice arašidového oleja (arašidový olej)
45 ml/3 lyžice sójovej omáčky
120 ml/4 fl oz/¬Ω šálka hovädzieho vývaru
350 g špenátu, strúhaného

Zmiešajte hovädzie mäso, vajce, strúhanku, vodu, kukuričný škrob, soľ a víno alebo sherry. Vytvarujte guľky veľkosti vlašského orecha. Rozpálime olej a fašírky opečieme zo všetkých strán dohneda. Vyberte z panvice a vypustite prebytočný olej. Pridajte sójovú omáčku a vývar do panvice a vráťte mäsové guľky. Priveďte do varu, prikryte a za občasného otáčania duste 30 minút. V samostatnej panvici uvarte špenát, kým nebude mäkký, potom vmiešajte do hovädzieho mäsa a prehrejte.

Vyprážané hovädzie mäso s tofu

za 4

20 ml/4 čajové lyžičky kukuričného škrobu (kukuričný škrob)
10 ml/2 ČL sójovej omáčky
10 ml/2 ČL ryžového vína alebo suchého sherry
225 g mletého hovädzieho mäsa
2,5 ml/¬Ω lyžičky cukru
30 ml/2 polievkové lyžice arašidového oleja (arašidový olej)
2,5 ml/¬Ω lyžičky soli
1 strúčik cesnaku, rozdrvený
120 ml/4 fl oz/¬Ω šálka hovädzieho vývaru
225 g tofu nakrájaného na kocky
2 jarné cibuľky (nakrájaná cibuľka).
Štipka čerstvo mletého korenia

Zmiešajte polovicu kukuričného škrobu, polovicu sójovej omáčky a polovicu vína alebo sherry. Pridajte k hovädziemu mäsu a dobre premiešajte. Zohrejte olej a niekoľko sekúnd opečte soľ a cesnak. Pridajte hovädzie mäso a duste, kým nezhnedne. Primiešame vývar a privedieme do varu. Pridáme tofu, prikryjeme a dusíme 2 minúty. Zmiešajte zvyšný kukuričný škrob, sójovú omáčku a víno alebo sherry, pridajte na panvicu a za stáleho miešania varte, kým omáčka nezhustne.

Jahňacie so špargľou

za 4

350 gramov špargle
450 g chudého jahňacieho mäsa
45 ml/3 lyžice arašidového oleja (arašidový olej)
Soľ a čerstvo mleté korenie
2 strúčiky cesnaku, rozdrvené
250 ml / 8 fl oz / 1 šálka vývaru
1 paradajka, zbavená kože a nakrájaná na mesiačiky
15 ml/1 polievková lyžica kukuričného škrobu (kukuričný škrob)
45 ml/3 lyžice vody
15 ml/1 polievková lyžica sójovej omáčky

Špargľu nakrájajte na diagonálne kúsky a vložte do misy. Zalejeme vriacou vodou a necháme 2 minúty odpočívať, potom scedíme. Jahňacie mäso nakrájajte na tenké plátky oproti zrnu. Rozpálime olej a opečieme jahňacinu do ľahkej farby. Pridajte soľ, korenie a cesnak a duste 5 minút. Pridajte špargľu, vývar a paradajku, priveďte do varu, prikryte a duste 2 minúty. Z kukuričnej múky, vody a sójovej omáčky vymiešame pastu, vmiešame do panvice a dusíme za stáleho miešania, kým omáčka nezhustne.

Grilované jahňacie mäso

za 4

*450 g chudého jahňacieho mäsa nakrájaného na prúžky
120 ml/4 fl oz/¬Ω šálka sójovej omáčky
120 ml/4 fl oz/¬Ω šálka ryžového vína alebo suchého sherry
1 strúčik cesnaku, rozdrvený
3 jarné cibuľky (nakrájaná cibuľka).
5 ml/1 ČL sezamového oleja
Soľ a čerstvo mleté korenie*

Vložte jahňacie mäso do misky. Zvyšné suroviny zmiešame, nalejeme na jahňacinu a necháme 1 hodinu marinovať. Grilujte na rozpálenom uhlí, kým jahňacie nezmäkne, podľa potreby podlievajte omáčkou.

Jahňacie mäso so zelenými fazuľkami

za 4

450 g zelenej fazuľky, nakrájanej na pásiky julienne
45 ml/3 lyžice arašidového oleja (arašidový olej)
450 g chudého jahňacieho mäsa nakrájaného na tenké plátky
250 ml / 8 fl oz / 1 šálka vývaru
5 ml/1 ČL soli
2,5 ml/¬Ω ČL čerstvo mletého korenia
15 ml/1 polievková lyžica kukuričného škrobu (kukuričný škrob)
5 ml/1 ČL sójovej omáčky
75 ml/5 lyžíc vody

Fazuľu varíme 3 minúty vo vriacej vode a potom dobre scedíme. Rozpálime olej a mäso opečieme zo všetkých strán do ružova. Pridáme vývar, privedieme do varu, prikryjeme a dusíme 5 minút. Pridáme fazuľu, soľ a korenie, prikryjeme a dusíme 4 minúty, kým mäso nezmäkne. Zmiešajte kukuričný škrob, sójovú omáčku a vodu na pastu, vmiešajte do panvice a varte za stáleho miešania, kým nebude omáčka číra a hustá.

Dusené jahňacie

za 4

450 g vykosteného jahňacieho pliecka, nakrájaného na kocky
15 ml/1 polievková lyžica arašidového oleja (arašidový olej)
4 jarné cibuľky (jarné cibuľky), nakrájané na plátky
10 ml/2 ČL strúhaného koreňa zázvoru
200 ml/¬Ω pt/1¬° šálky kuracieho vývaru
30 ml/2 lyžice cukru
30 ml/2 lyžice sójovej omáčky
15 ml/1 polievková lyžica hoisin omáčky
15 ml/1 polievková lyžica ryžového vína alebo suchého sherry
5 ml/1 ČL sezamového oleja

Jahňacie mäso varte 5 minút vo vriacej vode, potom sceďte. Zahrejte olej a opečte jahňacinu do hneda, asi 5 minút. Vyberieme z panvice a necháme odkvapkať na kuchynskom papieri. Odstráňte z panvice všetko okrem 15 ml/1 polievkovú lyžicu oleja. Rozpálime olej a 2 minúty orestujeme jarnú cibuľku a zázvor. Vráťte mäso do panvice so zvyšnými prísadami. Privedieme do varu, prikryjeme a dusíme domäkka 1 hodinu, kým mäso nezmäkne.

Jahňacie s brokolicou

za 4

75 ml/5 lyžíc arašidového oleja (arašidový olej)
1 strúčik cesnaku, rozdrvený
450 g jahňacieho mäsa nakrájaného na prúžky
450 g ružičiek brokolice
250 ml / 8 fl oz / 1 šálka vývaru
5 ml/1 ČL soli
2,5 ml/¬Ω ČL čerstvo mletého korenia
30 ml/2 lyžice kukuričného škrobu (kukuričný škrob)
75 ml/5 lyžíc vody
5 ml/1 ČL sójovej omáčky

Zahrejte olej a opečte cesnak a jahňacie mäso, kým sa neuvaria. Pridáme brokolicu a vývar, privedieme do varu, prikryjeme a dusíme asi 15 minút, kým brokolica nezmäkne. Dochutíme soľou a korením. Z kukuričnej múky, vody a sójovej omáčky vymiešame pastu, vmiešame do panvice a dusíme za stáleho miešania, kým omáčka nezhustne.

Baránok s vodnými gaštanmi

za 4

350 g chudého jahňacieho mäsa, nakrájaného na kúsky
15 ml/1 polievková lyžica arašidového oleja (arašidový olej)
2 jarné cibuľky (plátky cibule).
2 plátky koreňa zázvoru, nasekané
2 červené chilli papričky, nasekané
600 ml/1 pt/2Ω šálky vody
100 g repy, nakrájanej na kocky
1 mrkva, nakrájaná na kocky
1 tyčinka škorice
2 klinčeky badiánu
2,5 ml/¬Ω lyžičky cukru
15 ml/1 polievková lyžica sójovej omáčky
15 ml/1 polievková lyžica ryžového vína alebo suchého sherry
100 g vodných gaštanov
15 ml/1 polievková lyžica kukuričného škrobu (kukuričný škrob)
45 ml/3 lyžice vody

Jahňacie mäso varte 2 minúty vo vriacej vode, potom sceďte. Rozpálime olej a 30 sekúnd orestujeme jarnú cibuľku, zázvor a čili. Pridajte jahňacie mäso a duste, kým nie je dobre pokryté korením. Pridajte zvyšné ingrediencie okrem vodných gaštanov, kukuričného škrobu a vody, priveďte do varu, čiastočne prikryte a duste asi 1 hodinu, kým jahňacina nezmäkne. Občas skontrolujte a v prípade potreby dolejte vriacou vodou. Vyberieme škoricu a aníz, pridáme vodné gaštany a odkryté dusíme asi 5 minút. Zmiešajte kukuričný škrob a vodu, aby ste vytvorili pastu a vmiešajte do omáčky. Za stáleho miešania dusíme, kým omáčka nezhustne. Možno nebudete potrebovať všetku pastu z kukuričného škrobu, ak necháte omáčku počas varenia zredukovať.

Jahňacie s kapustou

za 4

45 ml/3 lyžice arašidového oleja (arašidový olej)
450 g jahňacieho mäsa nakrájaného na tenké plátky
Soľ a čerstvo mleté čierne korenie
1 strúčik cesnaku, rozdrvený
450 g čínskej kapusty, nakrájanej
120 ml/4 fl oz/¬Ω šálka vývaru
15 ml/1 polievková lyžica kukuričného škrobu (kukuričný škrob)
15 ml/1 polievková lyžica sójovej omáčky
60 ml/4 polievkové lyžice vody

Rozohrejte olej a opečte jahňacie mäso so soľou, korením a cesnakom, až kým nezhnedne. Pridajte kapustu a miešajte, kým sa nepokryje olejom. Pridáme vývar, privedieme do varu, prikryjeme a dusíme 10 minút. Kukuričnú múku, sójovú omáčku a vodu zmiešame na pastu, vmiešame do panvice a dusíme za stáleho miešania, kým omáčka nezhustne.

Jahňacie chow mein

za 4

450 g vaječných rezancov
45 ml/3 lyžice arašidového oleja (arašidový olej)
450 g jahňacieho mäsa, nakrájaného na plátky
1 cibuľa, nakrájaná na plátky
1 zelerové srdce, nakrájané na plátky
100 gramov húb
100 gramov fazuľových klíčkov
20 ml/2 čajové lyžičky kukuričného škrobu (kukuričný škrob)
175 ml/6 fl oz/¬œ šálka vody
Soľ a čerstvo mleté korenie

Rezance varíme vo vriacej vode asi 8 minút, potom scedíme. Zahrejte olej a opečte jahňacie mäso, kým jemne nezhnedne. Pridajte cibuľu, zeler, šampiňóny a fazuľové klíčky a

Smažte 5 minút. Zmiešajte kukuričný škrob a vodu, pridajte do panvice a priveďte do varu. Za stáleho miešania dusíme, kým omáčka nezhustne. Nalejeme na rezance a ihneď podávame.

Jahňacie karí

za 4

30 ml/2 polievkové lyžice arašidového oleja (arašidový olej)
2 strúčiky cesnaku, rozdrvené
1 plátok koreňa zázvoru, nasekaný
450 g chudého jahňacieho mäsa nakrájaného na kocky
100 g zemiakov nakrájaných na kocky
2 mrkvy, nakrájané na kocky
15 ml/1 polievková lyžica kari
250 ml / 1 šálka kuracieho vývaru
100 g húb, nakrájaných na plátky
1 zelená paprika, nakrájaná na kocky
50 g vodných gaštanov, nakrájaných na plátky

Rozohrejte olej a orestujte cesnak a zázvor, kým jemne nezhnednú. Pridajte jahňacie mäso a smažte 5 minút. Pridajte zemiaky a mrkvu a duste 3 minúty. Pridajte kari a duste 1 minútu. Primiešame vývar, privedieme do varu, prikryjeme a dusíme asi 25 minút. Pridáme huby, papriku a vodné gaštany a 5 minút podusíme. Ak máte radšej hustejšiu omáčku, povarte pár minút, aby sa omáčka zredukovala, alebo zahustite 15ml/1 ČL kukuričného škrobu s trochou vody.

Voňavé jahňacie

za 4

30 ml/2 polievkové lyžice arašidového oleja (arašidový olej)
450 g chudého jahňacieho mäsa nakrájaného na kocky
2 jarné cibuľky (nakrájaná cibuľka).
1 strúčik cesnaku, rozdrvený
1 plátok koreňa zázvoru, nasekaný
120 ml/4 fl oz/¬Ω šálka sójovej omáčky
15 ml/1 polievková lyžica ryžového vína alebo suchého sherry
15 ml/1 polievková lyžica hnedého cukru
2,5 ml/¬Ω lyžičky soli
čerstvo mleté korenie
300 ml/¬Ω pt/1¬° šálky vody

Zahrejte olej a opečte jahňacie mäso, kým jemne nezhnedne. Pridajte jarnú cibuľku, cesnak a zázvor a restujte 2 minúty. Pridáme sójovú omáčku, víno alebo sherry, cukor a soľ a dochutíme korením. Suroviny spolu dobre premiešame. Pridajte vodu, priveďte do varu, prikryte a duste 2 hodiny.

Grilované jahňacie kocky

za 4

120 ml/4 fl oz/¬Ω šálka arašidového oleja (arašidový olej)

60 ml/4 lyžice vínneho octu

2 strúčiky cesnaku, rozdrvené

15 ml/1 polievková lyžica sójovej omáčky

5 ml/1 ČL soli

2,5 ml/¬Ω ČL čerstvo mletého korenia

2,5 ml/¬Ω lyžička oregana

450 g chudého jahňacieho mäsa nakrájaného na kocky

Všetky ingrediencie zmiešame, prikryjeme a necháme cez noc marinovať. vypustiť. Mäso položte na brojler a grilujte, niekoľkokrát otočte, asi 15 minút, kým jahňacie nezmäkne a nezhnedne.

Jahňacie so snehovým hráškom

za 4

2 strúčiky cesnaku, rozdrvené

2,5 ml/¬Ω lyžičky soli

450 g jahňacieho mäsa nakrájaného na kocky
30 ml/ 2 polievkové lyžice kukuričného škrobu (kukuričný škrob)
30 ml/2 polievkové lyžice arašidového oleja (arašidový olej)
450 g mangetou nakrájame na 4 . rezať
250 ml / 1 šálka kuracieho vývaru
10 ml/2 ČL strúhanej citrónovej kôry
30 ml/2 lyžice medu
30 ml/2 lyžice sójovej omáčky
5 ml/1 ČL mletého koriandra
5 ml/1 ČL mletého kmínu
30 ml/2 lyžice paradajkového pretlaku (pasta)
30 ml/2 lyžice vínneho octu

Zmiešajte cesnak a soľ a zmiešajte s jahňacinou. Jahňacie mäso natrieme kukuričným škrobom. Zahrejte olej a opečte jahňacie mäso, kým sa neuvarí. Pridajte snehový hrášok a duste 2 minúty. Zvyšný kukuričný škrob zmiešame s vývarom a pridáme na panvicu so zvyšnými ingredienciami. Za stáleho miešania priveďte do varu a potom 3 minúty povarte.

Marinované jahňacie mäso

za 4

450 g chudého jahňacieho mäsa
2 strúčiky cesnaku, rozdrvené

5 ml/1 ČL soli
120 ml/4 fl oz/¬Ω šálka sójovej omáčky
5 ml/1 ČL zelerovej soli
olej na vyprážanie

Jahňacie mäso vložíme do hrnca a zalejeme studenou vodou. Pridáme cesnak a soľ, privedieme do varu, prikryjeme a dusíme 1 hodinu, alebo kým jahňacie nezmäkne. Vyberte z panvice a nechajte odkvapkať. Jahňacie mäso dáme do misy, pridáme sójovú omáčku a posypeme zelerovou soľou. Zakryte a nechajte marinovať 2 hodiny alebo cez noc. Jahňacie mäso nakrájame na malé kúsky. Rozpálime olej a opečieme jahňacinu dochrumkava. Pred podávaním dobre sceďte.

Juhňacie s hubami

za 4

45 ml/3 lyžice arašidového oleja (arašidový olej)
350 g šampiňónov, nakrájaných na plátky

100 g bambusových výhonkov nakrájaných na plátky
3 plátky koreňa zázvoru, nasekané
450 g jahňacieho mäsa nakrájaného na tenké plátky
250 ml / 8 fl oz / 1 šálka vývaru
15 ml/1 polievková lyžica kukuričného škrobu (kukuričný škrob)
15 ml/1 polievková lyžica sójovej omáčky
60 ml/4 polievkové lyžice vody

Rozpálime olej a šampiňóny, bambusové výhonky a zázvor opekáme 3 minúty. Pridajte jahňacie mäso a zľahka opečte, kým jemne nezhnedne. Pridajte vývar, priveďte do varu, prikryte a duste asi 30 minút, kým sa jahňacina neuvarí a omáčka sa zredukuje na polovicu. Zmiešajte kukuričnú múku, sójovú omáčku a vodu, vmiešajte do panvice a varte za stáleho miešania, kým omáčka nebude číra a nezhustne.

Jahňacie s ustricovou omáčkou

za 4

30 ml/2 polievkové lyžice arašidového oleja (arašidový olej)

1 strúčik cesnaku, rozdrvený
1 plátok zázvoru, jemne nasekaný
450 g chudého džemu nakrájaného na plátky
250 ml / 8 fl oz / 1 šálka vývaru
30 ml/2 lyžice ustricovej omáčky
15 ml/1 polievková lyžica ryžového vína alebo sherry
5 ml/1 ČL cukru

Rozpálime olej s cesnakom a zázvorom a restujeme, kým jemne nezhnednú. Pridajte jahňacie mäso a duste, kým jemne nezhnedne, asi 3 minúty. Pridajte vývar, ustricovú omáčku, víno alebo sherry a cukor, za stáleho miešania priveďte do varu, potom prikryte a za občasného miešania varte, kým jahňacina nezmäkne, asi 30 minút. Odstráňte pokrievku a pokračujte vo varení za stáleho miešania, kým sa omáčka nezredukuje a nezhustne, asi 4 minúty.

Červené varené jahňacie mäso

za 4

30 ml/2 polievkové lyžice arašidového oleja (arašidový olej)
450 g jahňacích kotletiek
250 ml / 1 šálka kuracieho vývaru
1 cibuľa, nakrájaná na kolieska
120 ml/4 fl oz/½ šálka sójovej omáčky
5 ml/1 ČL soli
1 plátok koreňa zázvoru, nasekaný

Rozpálime olej a kotlety opečieme z oboch strán do hneda. Pridáme zvyšné suroviny, privedieme k varu, prikryjeme a dusíme, kým jahňacina nezmäkne a omáčka zredukuje, asi 1 ½ hodiny.

Jahňacie mäso s jarnou cibuľkou

za 4

350 g chudého jahňacieho mäsa nakrájaného na kocky
30 ml/2 lyžice sójovej omáčky

30 ml/2 lyžice ryžového vína alebo suchého sherry
30 ml/2 polievkové lyžice arašidového oleja (arašidový olej)
2 strúčiky cesnaku, rozdrvené
8 scallions (scallions), hrubo nakrájaných na plátky

Vložte jahňacie mäso do misky. Zmiešajte 15 ml/1 ČL sójovej omáčky, 15 ml/1 ČL vína alebo sherry a 15 ml/1 ČL oleja a vmiešajte do jahňacieho mäsa. Nechajte 30 minút marinovať. Zohrejte zvyšný olej a osmažte cesnak, kým jemne nezhnedne. Mäso scedíme, pridáme do panvice a opekáme 3 minúty. Pridajte jarnú cibuľku a restujte 2 minúty. Pridajte marinádu a zvyšnú sójovú omáčku a víno alebo sherry a za stáleho miešania smažte 3 minúty.

Jemné jahňacie steaky

za 4

450 g chudého jahňacieho mäsa
15 ml/1 polievková lyžica sójovej omáčky

10 ml/2 ČL ryžového vína alebo suchého sherry
2,5 ml/¬Ω lyžičky soli
1 malá cibuľa, nakrájaná
45 ml/3 lyžice arašidového oleja (arašidový olej)

Jahňacie mäso nakrájajte na tenké plátky a uložte do misy. Zmiešajte sójovú omáčku, víno alebo sherry, soľ a olej, nalejte na jahňacie mäso, prikryte a nechajte 1 hodinu marinovať. Dobre sceďte. Zohrejte olej a opečte jahňacie mäso, kým nebude mäkké, asi 2 minúty.

Jahňací guláš

za 4

45 ml/3 lyžice arašidového oleja (arašidový olej)
2 strúčiky cesnaku, rozdrvené

5 ml/1 ČL sójovej omáčky
450 g chudého jahňacieho mäsa nakrájaného na kocky
čerstvo mleté korenie
30 ml/2 polievkové lyžice čistej (univerzálnej) múky
300 ml/¬Ω pt/1¬° šálky vody
15 ml/1 polievková lyžica paradajkového pretlaku (pasta)
1 bobkový list
100 g šampiňónov, na polovicu
3 mrkvy, nakrájané na štvrtiny
6 malých cibúľ nakrájaných na štvrtiny
15 ml/1 polievková lyžica cukru
1 stonkový zeler, nakrájaný na plátky
3 zemiaky, nakrájané na kocky
15 ml/1 polievková lyžica ryžového vína alebo suchého sherry
50 gramov hrášku
15 ml/1 polievková lyžica nasekanej čerstvej petržlenovej vňate

Zahrejte polovicu oleja. Cesnak a sójovú omáčku zmiešame s jahňacinou a ochutíme korením. Mäso opečte, kým jemne nezhnedne. Zaprášime múkou a za stáleho miešania varíme, kým sa múka nevstrebe. Pridajte vodu, paradajkový pretlak a bobkový list, priveďte do varu, prikryte a duste 30 minút. Zohrejte zvyšný olej a šampiňóny smažte 3 minúty, potom vyberte z panvice. Pridajte mrkvu a cibuľu do panvice a smažte 2 minúty. Posypeme cukrom a zahrievame, kým sa zelenina neleskne. Do duseného mäsa pridáme huby, mrkvu, cibuľu, zeler a zemiaky, opäť prikryjeme a ďalej dusíme 1 hodinu. Pridáme víno alebo sherry, hrášok a petržlenovú vňať, prikryjeme a dusíme ďalších 30 minút.

Pečené jahňacie mäso

za 4

350 g chudého jahňacieho mäsa nakrájaného na prúžky
1 plátok koreňa zázvoru, jemne nasekaný

3 vajcia, rozšľahané

45 ml/3 lyžice arašidového oleja (arašidový olej)

2,5 ml/¬Ω lyžičky soli

5 ml/1 ČL ryžového vína alebo suchého sherry

Zmiešajte jahňacie mäso, zázvor a vajcia. Rozpálime olej a opekáme jahňaciu zmes 2 minúty. Primiešame soľ a víno alebo sherry a restujeme 2 minúty.

Pikantné dusené bravčové mäso

za 4

450 g bravčového mäsa, nakrájaného na kocky

soľ a korenie

30 ml/2 lyžice sójovej omáčky

30 ml/2 polievkové lyžice hoisin omáčky

45 ml/3 lyžice arašidového oleja (arašidový olej)

120 ml/4 fl oz/½ šálky ryžového vína alebo suchého sherry

300 ml/½ pt/1¼ šálky kuracieho vývaru

5 ml/1 lyžička prášku z piatich korení

6 nasekaných jarných cibuliek (cibuliek).

225 g hlivy ustricovej, nakrájanej na plátky

15 ml/1 polievková lyžica kukuričného škrobu (kukuričný škrob)

Mäso dochutíme soľou a korením. Vložte do misky a zmiešajte so sójovou omáčkou a omáčkou hoisin. Prikryjeme a necháme 1 hodinu marinovať. Rozpálime olej a za stáleho miešania opečieme mäso do zlatista. Pridajte víno alebo sherry, vývar a päť korenín, priveďte do varu, prikryte a duste 1 hodinu. Pridajte jarnú cibuľku a huby, odstráňte pokrievku a dusíme ďalšie 4 minúty. Kukuričnú múku zmiešame s trochou vody, opäť privedieme do varu a za stáleho miešania dusíme 3 minúty, kým omáčka nezhustne.

Bravčové buchty na pare

sila 12

30 ml/2 polievkové lyžice hoisin omáčky

15 ml/1 polievková lyžica ustricovej omáčky

15 ml/1 polievková lyžica sójovej omáčky

2,5 ml/½ lyžičky sezamového oleja

30 ml/2 polievkové lyžice arašidového oleja (arašidový olej)

10 ml/2 ČL strúhaného koreňa zázvoru

1 strúčik cesnaku, rozdrvený

300 ml/½ pt/1¼ šálky vody

15 ml/1 polievková lyžica kukuričného škrobu (kukuričný škrob)

225 g vareného bravčového mäsa, nakrájaného nadrobno

4 jarné cibuľky (nakrájané nadrobno).

350 g / 12 oz / 3 šálky čistej (univerzálnej) múky

15 ml/1 polievková lyžica sódy bikarbóny

2,5 ml/½ lyžičky soli

50 g / 2 oz / ½ šálky bravčovej masti

5 ml/1 ČL vínneho octu

12 x 13 cm / 5 štvorčekov z pergamenového papiera

Zmiešajte hoisin, ustricovú a sójovú omáčku a sezamový olej. Rozohrejte olej a orestujte zázvor a cesnak, kým jemne nezhnednú. Pridajte zmes omáčky a smažte 2 minúty. Zmiešajte 120 ml/4 fl oz/½ šálky vody s kukuričným škrobom a vmiešajte do panvice. Za stáleho miešania priveďte do varu a potom varte, kým zmes nezhustne. Vmiešame bravčové mäso a cibuľu a necháme vychladnúť.

Zmiešame múku, prášok do pečiva a soľ. Vtierame bravčovú masť, kým zmes nebude pripomínať jemnú strúhanku. Vínny ocot a zvyšnú vodu zmiešame a zmiešame s múkou na pevné cesto. Na pomúčenej pracovnej doske zľahka premiesime, potom prikryjeme a necháme 20 minút odpočívať.

Cesto ešte raz premiesime, rozdelíme na 12 častí a z každej vyformujeme guľu. Na pomúčenej pracovnej doske vyvaľkáme do kruhu na 15 cm. Do stredu každého kruhu dáme lyžicu plnky, okraje potrieme vodou a okraje pritlačíme, aby sa plnka uzavrela. Jednu stranu každého štvorca pergamenového papiera potrieme olejom. Každý drdol položte švom nadol na papierový štvorec. Žemle položte v jednej vrstve na vriacu mriežku nad vriacou vodou. Žemle prikryjeme a dusíme, kým nebudú hotové, asi 20 minút.

Bravčové s kapustou

za 4

6 sušených čínskych húb
30 ml/2 polievkové lyžice arašidového oleja (arašidový olej)
450 g bravčového mäsa, nakrájaného na prúžky
2 cibule, nakrájané na plátky

2 červené papriky, nakrájané na prúžky

350 g bielej kapusty, strúhanej

2 strúčiky cesnaku, nasekané

2 kusy stonky zázvoru, nasekané

30 ml/2 lyžice medu

45 ml/3 lyžice sójovej omáčky

120 ml/4 fl oz/½ šálky suchého bieleho vína

soľ a korenie

10 ml/2 ČL kukuričného škrobu (kukuričný škrob)

15 ml/1 polievková lyžica vody

Huby namočíme na 30 minút do teplej vody a potom scedíme. Vyhoďte stonky a nakrájajte čiapky. Zohrejte olej a opečte bravčové mäso, kým jemne nezhnedne. Pridajte zeleninu, cesnak a zázvor a za stáleho miešania smažte 1 minútu. Pridajte med, sójovú omáčku a víno, priveďte do varu, prikryte a duste 40 minút, kým mäso nezmäkne. Dochutíme soľou a korením. Zmiešajte kukuričný škrob a vodu a vmiešajte do panvice. Za stáleho miešania krátko privedieme do varu a potom 1 minútu povaríme.

Bravčové mäso s kapustou a paradajkami

za 4

30 ml/2 polievkové lyžice arašidového oleja (arašidový olej)
450 g chudého bravčového mäsa nakrájaného na prúžky
Soľ a čerstvo mleté korenie
1 strúčik cesnaku, rozdrvený
1 cibuľu nakrájanú nadrobno
½ kapusty, strúhanej
450 g paradajok zbavených kože a nakrájaných na štvrtiny
250 ml / 8 fl oz / 1 šálka vývaru
30 ml/2 lyžice kukuričného škrobu (kukuričný škrob)
15 ml/1 polievková lyžica sójovej omáčky
60 ml/4 polievkové lyžice vody

Zohrejte olej a zľahka opečte bravčové mäso, soľ, korenie, cesnak a cibuľu. Pridáme kapustu, paradajky a vývar, privedieme do varu, prikryjeme a dusíme 10 minút, kým kapusta nezmäkne. Zmiešajte kukuričný škrob, sójovú omáčku a vodu na pastu, vmicšajte do panvice a varte za stáleho miešania, kým nebude omáčka číra a hustá.

Marinované bravčové mäso s kapustou

za 4

350 g bravčového bôčika

2 jarné cibuľky (nakrájaná cibuľka).

1 plátok koreňa zázvoru, nasekaný

1 tyčinka škorice

3 klinčeky badiánu

45 ml/3 lyžice hnedého cukru

600 ml/1 pt/2½ šálky vody

15 ml/1 polievková lyžica arašidového oleja (arašidový olej)

15 ml/1 polievková lyžica sójovej omáčky

5 ml/1 ČL paradajkového pretlaku (pasta)

5 ml/1 ČL ustricovej omáčky

100 g srdiečok z čínskej kapusty

100 g pak choi

Bravčové mäso nakrájajte na 10 cm kúsky a vložte do misy. Pridajte jarnú cibuľku, zázvor, škoricu, badián, cukor a vodu a nechajte 40 minút odstáť. Zahrejte olej, vyberte bravčové mäso z marinády a pridajte do panvice. Opečte, kým jemne nezhnedne, potom pridajte sójovú omáčku, paradajkovú pastu a ustricovú omáčku. Priveďte do varu a varte, kým bravčové mäso nezmäkne a nezredukuje tekutinu, asi 30 minút. V prípade potreby počas varenia pridajte ešte trochu vody.

Medzitým uvaríme srdiečka kapusty a pak choi vo vriacej vode do mäkka, asi 10 minút. Poukladáme na zohriaty tanier, navrch dáme bravčové mäso a prelejeme omáčkou.

Bravčové mäso so zelerom

za 4

45 ml/3 lyžice arašidového oleja (arašidový olej)
1 strúčik cesnaku, rozdrvený
1 jarná cibuľka (nasekaná cibuľka).
1 plátok koreňa zázvoru, nasekaný
225 g chudého bravčového mäsa nakrájaného na prúžky
100 g zeleru, nakrájaného na tenké plátky
45 ml/3 lyžice sójovej omáčky
15 ml/1 polievková lyžica ryžového vína alebo suchého sherry
5 ml/1 ČL kukuričného škrobu (kukuričný škrob)

Rozpálime olej a orestujeme cesnak, jarnú cibuľku a zázvor, kým jemne nezhnednú. Pridajte bravčové mäso a duste 10 minút do zlatista. Pridáme zeler a restujeme 3 minúty. Pridajte zvyšné ingrediencie a za stáleho miešania smažte 3 minúty.

Bravčové s gaštanmi a šampiňónmi

za 4

4 sušené čínske huby
100 g / 4 unce / 1 šálka gaštanov
30 ml/2 polievkové lyžice arašidového oleja (arašidový olej)
2,5 ml/½ lyžičky soli
450 g chudého bravčového mäsa, nakrájaného na kocky
15 ml/1 polievková lyžica sójovej omáčky
375 ml / 13 fl oz / 1 ½ šálky kuracieho vývaru
100 g vodných gaštanov, nakrájaných na plátky

Huby namočíme na 30 minút do teplej vody a potom scedíme. Stonky vyhoďte a čiapky rozrežte na polovicu. Gaštany blanšírujeme vo vriacej vode 1 minútu a potom scedíme. Zohrejte olej a soľ a opečte bravčové mäso, kým jemne nezhnedne. Pridajte sójovú omáčku a za stáleho miešania smažte 1 minútu. Pridajte vývar a priveďte do varu. Pridajte gaštany a vodné gaštany, znova priveďte do varu, prikryte a duste asi 1½ hodiny, kým mäso nezmäkne.

Bravčová kotleta suey

za 4

100 g bambusových výhonkov nakrájaných na prúžky
100 g vodných gaštanov nakrájaných na tenké plátky
60 ml/4 polievkové lyžice arašidového oleja (arašidový olej)
3 jarné cibuľky (nakrájaná cibuľka).
2 strúčiky cesnaku, rozdrvené
1 plátok koreňa zázvoru, nasekaný
225 g chudého bravčového mäsa nakrájaného na prúžky
45 ml/3 lyžice sójovej omáčky
15 ml/1 polievková lyžica ryžového vína alebo suchého sherry
5 ml/1 ČL soli
5 ml/1 ČL cukru
čerstvo mleté korenie
15 ml/1 polievková lyžica kukuričného škrobu (kukuričný škrob)

Bambusové výhonky a vodné gaštany blanšírujte vo vriacej vode 2 minúty, potom sceďte a osušte. Zahrejte 45 ml/3 lyžice oleja a zľahka opečte jarnú cibuľku, cesnak a zázvor. Pridajte bravčové mäso a duste 4 minúty. Vyberte z panvice.

Zvyšný olej zohrejte a zeleninu 3 minúty opečte. Pridajte bravčové mäso, sójovú omáčku, víno alebo sherry, soľ, cukor a štipku korenia a za stáleho miešania opekajte 4 minúty.

Kukuričnú múku zmiešame s trochou vody, vmiešame do panvice a za stáleho miešania dusíme, kým omáčka nebude číra a hustá.

Bravčové mäso Mein

za 4

4 sušené čínske huby
30 ml/2 polievkové lyžice arašidového oleja (arašidový olej)
2,5 ml/½ lyžičky soli
4 nasekané jarné cibuľky (nakrájaná cibuľka).
225 g chudého bravčového mäsa nakrájaného na prúžky
15 ml/1 polievková lyžica sójovej omáčky
5 ml/1 ČL cukru
3 paličky zeleru, nasekané
1 cibuľa, nakrájaná na kolieska
100 g šampiňónov, na polovicu
120 ml / 4 fl oz / ½ šálky kuracieho vývaru
mäkké vyprážané rezance

Huby namočíme na 30 minút do teplej vody a potom scedíme. Vyhoďte stonky a nakrájajte čiapky. Rozpálime olej a soľ a opražíme jarnú cibuľku do mäkka. Pridajte bravčové mäso a zľahka opečte, kým jemne nezhnedne. Zmiešajte sójovú omáčku, cukor, zeler, cibuľu a čerstvé a sušené huby a za stáleho miešania opekajte, kým sa dobre nespoja, asi 4 minúty. Pridáme vývar a dusíme 3 minúty. Pridajte polovicu rezancov na panvicu a jemne premiešajte, potom pridajte zvyšné rezance a miešajte, kým nebudú horúce.

Pečené bravčové mäso Mein

za 4

100 gramov fazuľových klíčkov
45 ml/3 lyžice arašidového oleja (arašidový olej)
100 g čínskej kapusty, nakrájanej
225 g pečeného bravčového mäsa, nakrájaného na plátky
5 ml/1 ČL soli
15 ml/1 polievková lyžica ryžového vína alebo suchého sherry

Fazuľové klíčky blanšírujte vo vriacej vode 4 minúty a potom sceďte. Zahrejte olej a opečte fazuľové klíčky a kapustu, kým nezmäknú. Pridajte bravčové mäso, soľ a sherry a duste do horúceho. Pridajte polovicu scedených cestovín do panvice a jemne miešajte, kým sa nezohrejú. Pridajte zvyšné cestoviny a miešajte, kým sa nezohrejú.

Bravčové mäso s chutney

za 4

5 ml/1 lyžička prášku z piatich korení
5 ml/1 ČL kari

450 g bravčového mäsa, nakrájaného na prúžky
30 ml/2 polievkové lyžice arašidového oleja (arašidový olej)
6 jarných cibuliek (jarných cibuľiek), nakrájaných na prúžky
1 palica zeleru, nakrájaná na pásiky
100 gramov fazuľových klíčkov
1 x 200 g téglika čínskych sladkých uhoriek nakrájaných na kocky
45 ml/3 lyžice mangového chutney
30 ml/2 lyžice sójovej omáčky
30 ml/2 lyžice paradajkového pretlaku (pasta)
150 ml / ¼ pt / štedrý ½ šálky kuracieho vývaru
10 ml/2 ČL kukuričného škrobu (kukuričný škrob)

Korenie dobre votrieme do bravčového mäsa. Rozohrejte olej a mäso opekajte 8 minút alebo kým nebude upečené. Vyberte z panvice. Pridajte zeleninu do panvice a smažte 5 minút. Vráťte bravčové mäso do panvice so všetkými zvyšnými prísadami okrem kukuričného škrobu. Miešajte, kým sa nezahreje. Kukuričnú múku zmiešame s trochou vody, vmiešame do panvice a za stáleho miešania dusíme, kým omáčka nezhustne.

Bravčové mäso s uhorkou

za 4

225 g chudého bravčového mäsa nakrájaného na prúžky
30 ml/2 polievkové lyžice čistej (univerzálnej) múky
Soľ a čerstvo mleté korenie
60 ml/4 polievkové lyžice arašidového oleja (arašidový olej)
225 g uhorky, ošúpanej a nakrájanej na plátky
30 ml/2 lyžice sójovej omáčky

Bravčové mäso obalíme v múke a ochutíme soľou a korením.

Zohrejte olej a opečte bravčové mäso do mäkka, asi 5 minút.

Pridajte uhorku a sójovú omáčku a smažte ďalšie 4 minúty.

Skontrolujeme a upravíme korenie a podávame s opraženou ryžou.

Chrumkavé bravčové balíčky

za 4

4 sušené čínske huby
30 ml/2 polievkové lyžice arašidového oleja (arašidový olej)
225 g bravčového filé, nakrájaného (mletého)
50 g ošúpaných kreviet, nasekaných
15 ml/1 polievková lyžica sójovej omáčky
15 ml/1 polievková lyžica kukuričného škrobu (kukuričný škrob)
30 ml/2 polievkové lyžice vody
8 obalov na jarné rolky
100 g / 4 unce / 1 šálka kukuričného škrobu (kukuričný škrob)
olej na vyprážanie

Huby namočíme na 30 minút do teplej vody a potom scedíme. Stonky vyhoďte a čiapky nasekajte nadrobno. Rozpálime olej a 2 minúty opekáme huby, bravčové mäso, krevety a sójovú omáčku. Kukuričnú múku a vodu zmiešame na pastu a vmiešame do zmesi, aby sme vytvorili náplň.

Zábaly nakrájame na pásiky, na každý dáme plnku a zvinieme do trojuholníkov, zalejeme trochou zmesi múky a vody. Veľkoryso popráste kukuričným škrobom. Rozpálime olej a trojuholníky opečieme do chrumkava a do zlatista. Pred podávaním dobre sceďte.

Rolky z bravčových vajec

za 4

225 g chudého bravčového mäsa, strúhaného
1 plátok koreňa zázvoru, nasekaný
1 jarná cibuľka, nakrájaná
15 ml/1 polievková lyžica sójovej omáčky
15 ml/1 polievková lyžica vody
12 šupiek na jarné rolky
1 vajce, rozšľahané
olej na vyprážanie

Skombinujte bravčové mäso, zázvor, cibuľu, sójovú omáčku a vodu. Do stredu každej šupky dáme trochu plnky a okraje potrieme rozšľahaným vajíčkom. Preložte boky a rolku odvaľkajte od seba a okraje zalepte vajíčkom. Varte na mriežke v parnom hrnci 30 minút, kým bravčové mäso nezmäkne. Rozpálime olej a pár minút smažíme do chrumkava a do zlatista.

Vaječné rolky s bravčovým mäsom a krevetami

za 4

30 ml/2 polievkové lyžice arašidového oleja (arašidový olej)
225 g chudého bravčového mäsa, strúhaného
6 nasekaných jarných cibuľiek (cibuliek).
225 g fazuľových klíčkov
100 g ošúpaných kreviet, nasekaných
15 ml/1 polievková lyžica sójovej omáčky
2,5 ml/½ lyžičky soli
12 šupiek na jarné rolky
1 vajce, rozšľahané
olej na vyprážanie

Zahrejte olej a opečte bravčové mäso a cibuľku, kým jemne nezhnedne. Medzitým blanšírujte fazuľové klíčky vo vriacej vode 2 minúty, potom sceďte. Do panvice pridajte fazuľové klíčky a smažte 1 minútu. Pridáme krevety, sójovú omáčku a soľ a restujeme 2 minúty. Necháme vychladnúť.

Do stredu každej šupky dáme trochu plnky a okraje potrieme rozšľahaným vajíčkom. Preložte boky, potom jarné závitky zrolujte a okraje prilepte vajcom. Rozpálime olej a jarné závitky opečieme do chrumkava a do zlatista.

Dusené bravčové mäso s vajcami

za 4

450 g chudého bravčového mäsa
30 ml/2 polievkové lyžice arašidového oleja (arašidový olej)
1 cibuľa, nakrájaná
90 ml/6 lyžíc sójovej omáčky
45 ml/3 lyžice ryžového vína alebo suchého sherry
15 ml/1 polievková lyžica hnedého cukru
3 vajcia na tvrdo (uvarené na tvrdo).

Hrniec s vodou priveďte do varu, pridajte bravčové mäso, priveďte späť do varu a varte, kým nebude uzavretý. Vyberte z panvice, dobre sceďte a potom nakrájajte na kocky. Rozpálime olej a opražíme cibuľu do mäkka. Pridajte bravčové mäso a zľahka opečte, kým jemne nezhnedne. Primiešame sójovú omáčku, víno alebo sherry a cukor, prikryjeme a za občasného miešania dusíme 30 minút. Vonkajšiu časť vajec jemne nastrúhajte, potom pridajte do panvice, prikryte a duste ďalších 30 minút.

Ohnivé bravčové mäso

za 4

450 g bravčového filé nakrájaného na prúžky
30 ml/2 lyžice sójovej omáčky
30 ml/2 polievkové lyžice hoisin omáčky
5 ml/1 lyžička prášku z piatich korení
15 ml/1 polievková lyžica papriky
15 ml/1 polievková lyžica hnedého cukru
15 ml/1 polievková lyžica sezamového oleja
30 ml/2 polievkové lyžice arašidového oleja (arašidový olej)
6 nasekaných jarných cibuľiek (cibuliek).
1 zelená paprika, nakrájaná na kúsky
200 g fazuľových klíčkov
2 plátky ananásu, nakrájané na kocky
45 ml/3 lyžice paradajkového kečupu (katsup)
150 ml / ¼ pt / štedrý ½ šálky kuracieho vývaru

Vložte mäso do misy. Zmiešajte sójovú omáčku, omáčku hoisin, prášok z piatich korení, korenie a cukor, nalejte na mäso a nechajte 1 hodinu marinovať. Rozpálime oleje a za stáleho miešania opečieme mäso do zlatista. Vyberte z panvice. Pridajte zeleninu a smažte 2 minúty. Pridajte ananás, paradajkový kečup a vývar a priveďte do varu. Vráťte mäso na panvicu a pred podávaním ho prehrejte.

Vyprážaná bravčová panenka

za 4

350 g bravčového filé, nakrájaného na kocky
15 ml/1 polievková lyžica ryžového vína alebo suchého sherry
15 ml/1 polievková lyžica sójovej omáčky
5 ml/1 ČL sezamového oleja
30 ml/2 lyžice kukuričného škrobu (kukuričný škrob)
olej na vyprážanie

Zmiešajte bravčové mäso, víno alebo sherry, sójovú omáčku, sezamový olej a kukuričný škrob tak, aby sa bravčové mäso obalilo v hustom cestíčku. Rozpálime olej a bravčové mäso opekáme asi 3 minúty do chrumkava. Vyberte bravčové mäso z panvice, znova zohrejte olej a smažte ďalšie 3 minúty.

Five Spice Bravčové mäso

za 4

225 g chudého bravčového mäsa
5 ml/1 ČL kukuričného škrobu (kukuričný škrob)
2,5 ml/½ lyžičky prášku z piatich korení
2,5 ml/½ lyžičky soli
15 ml/1 polievková lyžica ryžového vína alebo suchého sherry
20 ml/2 polievkové lyžice arašidového oleja (arašidový olej)
120 ml / 4 fl oz / ½ šálky kuracieho vývaru

Bravčové mäso nakrájajte na tenké plátky oproti zrnu. Hoďte bravčové mäso s kukuričným škrobom, práškom z piatich korení, soľou a vínom alebo sherry a dobre premiešajte, aby sa bravčové obalilo. Za občasného miešania nechajte 30 minút odstáť. Rozpálime olej, pridáme bravčové mäso a opekáme asi 3 minúty. Pridáme vývar, privedieme do varu, prikryjeme a dusíme 3 minúty. Ihneď podávajte.

Dusené voňavé bravčové mäso

Podáva 6-8

1 kus mandarínkovej kôry
45 ml/3 lyžice arašidového oleja (arašidový olej)
900 g chudého bravčového mäsa, nakrájaného na kocky
250 ml/8 fl oz/1 šálka ryžového vína alebo suchého sherry
120 ml/4 fl oz/½ šálky sójovej omáčky
2,5 ml/½ lyžičky anízového prášku
½ tyčinky škorice
4 klinčeky
5 ml/1 ČL soli
250 ml / 8 fl oz / 1 šálka vody
2 jarné cibuľky (plátky cibule).
1 plátok koreňa zázvoru, nasekaný

Počas prípravy misky namočte kôru z mandarínky do vody. Zohrejte olej a opečte bravčové mäso, kým jemne nezhnedne. Pridajte víno alebo sherry, sójovú omáčku, anízový prášok, škoricu, klinčeky, soľ a vodu. Priveďte do varu, pridajte kôru z mandarínky, jarnú cibuľku a zázvor. Prikryjeme a dusíme do mäkka, asi 1½ hodiny, občas premiešame a podľa potreby podlievame trochou vriacej vody. Pred podávaním odstráňte korenie.

Bravčové mäso s nakrájaným cesnakom

za 4

450 g bravčového bôčika zbaveného kože
3 plátky koreňa zázvoru
2 jarné cibuľky (nakrájaná cibuľka).
30 ml/2 lyžice mletého cesnaku
30 ml/2 lyžice sójovej omáčky
5 ml/1 ČL soli
15 ml/1 polievková lyžica kuracieho vývaru
2,5 ml/½ lyžičky chilli oleja
4 vetvičky koriandra

Bravčové mäso vložíme do panvice so zázvorom a jarnou cibuľkou, podlejeme vodou, privedieme do varu a dusíme 30 minút, kým nezmäkne. Vyberte a dobre sceďte, potom nakrájajte na tenké plátky s veľkosťou asi 5 cm². Plátky poukladajte do kovového cedníka. Hrniec s vodou priveďte do varu, pridajte plátky bravčového mäsa a varte do horúca 3 minúty. Poukladajte na predhriaty servírovací tanier. Zmiešajte cesnak, sójovú omáčku, soľ, vývar a čili olej a lyžicou nalejte bravčové mäso. Podávame ozdobené koriandrom.

Vyprážané bravčové so zázvorom

za 4

225 g chudého bravčového mäsa
5 ml/1 ČL kukuričného škrobu (kukuričný škrob)
30 ml/2 lyžice sójovej omáčky
30 ml/2 polievkové lyžice arašidového oleja (arašidový olej)
1 plátok koreňa zázvoru, nasekaný
1 jarná cibuľka (olúpaná cibuľa), nakrájaná na plátky
45 ml/3 lyžice vody
5 ml/1 ČL hnedého cukru

Bravčové mäso nakrájajte na tenké plátky oproti zrnu. Vmiešajte kukuričnú múku, potom posypte sójovou omáčkou a znova premiešajte. Rozohrejte olej a bravčové mäso opekajte 2 minúty, kým nebude uzavreté. Pridajte zázvor a jarnú cibuľku a restujte 1 minútu. Pridajte vodu a cukor, prikryte a duste, kým sa neuvarí, asi 5 minút.

Bravčové mäso so zelenými fazuľkami

za 4

450 g zelenej fazuľky, nakrájanej na kúsky

30 ml/2 polievkové lyžice arašidového oleja (arašidový olej)

2,5 ml/½ lyžičky soli

1 plátok koreňa zázvoru, nasekaný

225 g chudého bravčového mäsa, nakrájaného (mleté)

120 ml / 4 fl oz / ½ šálky kuracieho vývaru

75 ml/5 lyžíc vody

2 vajcia

15 ml/1 polievková lyžica kukuričného škrobu (kukuričný škrob)

Fazuľu povarte asi 2 minúty, potom sceďte. Zohrejte olej a niekoľko sekúnd opečte soľ a zázvor. Pridajte bravčové mäso a zľahka opečte, kým jemne nezhnedne. Pridajte fazuľu a smažte 30 sekúnd, potrite olejom. Primiešame vývar, privedieme do varu, prikryjeme a dusíme 2 minúty. Rozšľahajte 30 ml/2 polievkové lyžice vody s vajíčkami a vmiešajte do panvice. Zvyšnú vodu zmiešajte s kukuričným škrobom. Keď vajcia začnú tuhnúť, vmiešame kukuričný škrob a varíme, kým zmes nezhustne. Ihneď podávajte.

Bravčové mäso so šunkou a tofu

za 4

4 sušené čínske huby
5 ml/1 ČL arašidového oleja (arašidový olej)
100 g údenej šunky, nakrájanej na plátky
225 g tofu, nakrájaného na plátky
225 g chudého bravčového mäsa, nakrájaného na plátky
15 ml/1 polievková lyžica ryžového vína alebo suchého sherry
Soľ a čerstvo mleté korenie
1 plátok koreňa zázvoru, nasekaný
1 jarná cibuľka (nasekaná cibuľka).
10 ml/2 ČL kukuričného škrobu (kukuričný škrob)
30 ml/2 polievkové lyžice vody

Huby namočíme na 30 minút do teplej vody a potom scedíme. Stonky vyhoďte a čiapky rozrežte na polovicu. Potrieme žiaruvzdornú misku arašidovým (arašidovým) olejom. Šampiňóny, šunku, tofu a bravčové mäso poukladajte vo vrstvách do misky s bravčovým mäsom navrch. Podlejte vínom alebo sherry, soľou a korením, zázvorom a jarnou cibuľkou. Prikryjeme a dusíme na mriežke nad vriacou vodou, kým sa neuvarí, asi 45 minút. Vypustite omáčku z misky bez toho, aby ste narušili ingrediencie. Pridajte dostatok vody na doplnenie 250 ml/8 fl oz/1 šálka. Zmiešajte kukuričný škrob a vodu a vmiešajte do omáčky. Pridáme do misy a za stáleho miešania dusíme, kým omáčka nie je číra a nezhustne.

Vyprážané bravčové kebaby

za 4

450 g bravčovej panenky nakrájanej na tenké plátky
100 g varenej šunky, nakrájanej na tenké plátky
6 vodných gaštanov nakrájaných na tenké plátky
30 ml/2 lyžice sójovej omáčky
30 ml/2 lyžice vínneho octu
15 ml/1 polievková lyžica hnedého cukru
15 ml/1 polievková lyžica ustricovej omáčky
pár kvapiek chilli oleja
45 ml/3 lyžice kukuričného škrobu (kukuričný škrob)
30 ml/2 lyžice ryžového vína alebo suchého sherry
2 vajcia, rozšľahané
olej na vyprážanie

Bravčové mäso, šunku a vodné gaštany napichajte striedavo na malé špízy. Zmiešajte sójovú omáčku, vínny ocot, cukor, ustricovú omáčku a čili olej. Nalejte na kebab, prikryte a nechajte 3 hodiny marinovať v chladničke. Zmiešajte kukuričný škrob, víno alebo sherry a vajcia, aby ste vytvorili hladké, husté cesto. Kebaby v cestíčku otočte, aby sa obalili. Zahrejte olej a opečte kebab do zlatista.

Dusené bravčové koleno v červenej omáčke

za 4

1 veľké bravčové koleno

1L/1½ bodu/4¼ šálky vriacej vody

5 ml/1 ČL soli

120 ml/4 fl oz/½ šálky vínneho octu

120 ml/4 fl oz/½ šálky sójovej omáčky

45 ml/3 lyžice medu

5 ml/1 ČL borievky

5 ml/1 ČL anízu

5 ml/1 ČL koriandra

60 ml/4 polievkové lyžice arašidového oleja (arašidový olej)

6 jarných cibuliek (jarných cibuľiek), nakrájaných na plátky

2 mrkvy, nakrájané na tenké plátky

1 stonkový zeler, nakrájaný na plátky

45 ml/3 polievkové lyžice hoisin omáčky

30 ml/2 polievkové lyžice mangového chutney

75 ml/5 lyžíc paradajkového pretlaku (pasta)

1 strúčik cesnaku, rozdrvený

60 ml/4 lyžice nasekanej pažítky

Bravčové koleno uvaríme s vodou, soľou, vínnym octom, 45 ml/3 PL sójovej omáčky, medom a korením. Pridáme zeleninu, opäť privedieme k varu, prikryjeme a dusíme asi 1½ hodiny, kým mäso nezmäkne. Mäso a zeleninu vyberte z panvice, mäso odrežte od kosti a nakrájajte na kocky. Rozpálime olej a mäso opečieme do zlatista. Pridajte zeleninu a duste 5 minút. Pridajte zvyšnú sójovú omáčku, omáčku hoisin, chutney, paradajkový pretlak a cesnak. Za stáleho miešania priveďte do varu a potom 3 minúty povarte. Podávame posypané pažítkou.

Marinované bravčové mäso

za 4

450 g chudého bravčového mäsa
1 plátok koreňa zázvoru, nasekaný

1 strúčik cesnaku, rozdrvený
90 ml/6 lyžíc sójovej omáčky
15 ml/1 polievková lyžica ryžového vína alebo suchého sherry
45 ml/3 lyžice arašidového oleja (arašidový olej)
1 jarná cibuľka (olúpaná cibuľa), nakrájaná na plátky
15 ml/1 polievková lyžica hnedého cukru
čerstvo mleté korenie

Zmiešajte bravčové mäso so zázvorom, cesnakom, 30 ml/2 polievkovými lyžicami sójovej omáčky a vínom alebo sherry. Za občasného miešania nechajte 30 minút odpočívať, potom mäso vyberte z marinády. Zohrejte olej a opečte bravčové mäso, kým jemne nezhnedne. Pridáme jarnú cibuľku, cukor, zvyšnú sójovú omáčku a štipku korenia, prikryjeme a dusíme, kým bravčové mäso nezmäkne, asi 45 minút. Bravčové mäso nakrájame na kocky a potom podávame.

Marinované bravčové kotlety

za 6

6 bravčových rezňov
1 plátok koreňa zázvoru, nasekaný

1 strúčik cesnaku, rozdrvený
90 ml/6 lyžíc sójovej omáčky
30 ml/2 lyžice ryžového vína alebo suchého sherry
45 ml/3 lyžice arašidového oleja (arašidový olej)
2 jarné cibuľky (nakrájaná cibuľka).
15 ml/1 polievková lyžica hnedého cukru
čerstvo mleté korenie

Bravčové kotlety zbavíme kosti a mäso nakrájame na kocky. Zázvor, cesnak, 30 ml/2 polievkové lyžice sójovej omáčky a víno alebo sherry, nalejte na bravčové mäso a za občasného miešania nechajte 30 minút marinovať. Vyberte mäso z marinády. Zohrejte olej a opečte bravčové mäso, kým jemne nezhnedne. Pridajte jarnú cibuľku a restujte 1 minútu. Zvyšnú sójovú omáčku zmiešame s cukrom a štipkou korenia. Vmiešame do omáčky, privedieme do varu, prikryjeme a dusíme, kým bravčové mäso nezmäkne, asi 30 minút.

Bravčové s hubami

za 4

25 g sušených čínskych húb
30 ml/2 polievkové lyžice arašidového oleja (arašidový olej)
1 strúčik cesnaku, nasekaný
225 g chudého bravčového mäsa nakrájaného na prúžky

4 nasekané jarné cibuľky (nakrájaná cibuľka).
15 ml/1 polievková lyžica sójovej omáčky
15 ml/1 polievková lyžica ryžového vína alebo suchého sherry
5 ml/1 ČL sezamového oleja

Huby namočíme na 30 minút do teplej vody a potom scedíme. Vyhoďte stonky a nakrájajte čiapky. Zohrejte olej a opečte cesnak, kým jemne nezhnedne. Pridáme bravčové mäso a restujeme do hneda. Primiešame jarnú cibuľku, šampiňóny, sójovú omáčku a víno alebo sherry a restujeme 3 minúty. Vmiešame sezamový olej a ihneď podávame.

Dusený mäsový koláč

za 4

450 g mletého bravčového mäsa (
4 vodné gaštany nakrájané nadrobno
225 g húb, nakrájaných nadrobno
5 ml/1 ČL sójovej omáčky
Soľ a čerstvo mleté korenie

1 vajce, zľahka rozšľahané

Všetky ingrediencie spolu dobre premiešame a na plechu vytvarujeme zo zmesi plochý koláč. Položte tanier na rošt v parnom hrnci, prikryte a duste 1,5 hodiny.

Červené varené bravčové mäso s hubami

za 4
450 g chudého bravčového mäsa, nakrájaného na kocky
250 ml / 8 fl oz / 1 šálka vody
15 ml/1 polievková lyžica sójovej omáčky
15 ml/1 polievková lyžica ryžového vína alebo suchého sherry
5 ml/1 ČL cukru
5 ml/1 ČL soli

225 gramov húb

Vložte bravčové mäso a vodu do hrnca a priveďte vodu do varu. Prikryjeme a dusíme 30 minút, potom scedíme a vývar si odložíme. Vráťte bravčové mäso do panvice a pridajte sójovú omáčku. Varte na miernom ohni za stáleho miešania, kým sa sójová omáčka nevstrebe. Vmiešame víno alebo sherry, cukor a soľ. Zalejeme odloženým vývarom, privedieme do varu, prikryjeme a dusíme asi 30 minút, pričom mäso občas obrátime. Pridáme huby a dusíme ďalších 20 minút.

Bravčové s rezancami

za 4

30 ml/2 polievkové lyžice arašidového oleja (arašidový olej)
5 ml/2 ČL soli
225 g chudého bravčového mäsa nakrájaného na prúžky
225 g čínskej kapusty, nakrájanej
100 g nasekaných bambusových výhonkov
100 g húb, nakrájaných na tenké plátky

150 ml / ¼ pt / štedrý ½ šálky kuracieho vývaru
10 ml/2 ČL kukuričného škrobu (kukuričný škrob)
15 ml/1 polievková lyžica ryžového vína alebo suchého sherry
15 ml/1 polievková lyžica vody
rezancové palacinky

Zahrejte olej a opečte soľ a bravčové mäso, kým nebude jemne sfarbené. Pridáme kapustu, bambusové výhonky a hríby a 1 minútu restujeme. Pridajte vývar, priveďte do varu, prikryte a duste 4 minúty alebo kým bravčové mäso nezmäkne. Zmiešajte kukuričnú múku s vínom alebo sherry a vodou, aby ste vytvorili pastu, vmiešajte do panvice a za stáleho miešania duste, kým nebude omáčka číra a hustá. Na servírovanie nalejte cestoviny na palacinky.

Bravčové mäso a krevety s rezancami

za 4
30 ml/2 polievkové lyžice arašidového oleja (arašidový olej)
5 ml/1 ČL soli
4 nasekané jarné cibuľky (nakrájaná cibuľka).
1 strúčik cesnaku, rozdrvený
225 g chudého bravčového mäsa nakrájaného na prúžky
100 g húb, nakrájaných na plátky
4 paličky zeleru, nakrájané na plátky

225 g ošúpaných kreviet
30 ml/2 lyžice sójovej omáčky
10 ml/1 ČL kukuričného škrobu (kukuričný škrob)
45 ml/3 lyžice vody
rezancové palacinky

Rozpálime olej a soľ a orestujeme jarnú cibuľku a cesnak do mäkka. Pridajte bravčové mäso a zľahka opečte, kým jemne nezhnedne. Pridáme huby a zeler a restujeme 2 minúty. Pridajte krevety, posypte sójovou omáčkou a miešajte, kým nie sú horúce. Zmiešajte kukuričný škrob a vodu na pastu, vmiešajte do panvice a za stáleho miešania varte do horúceho. Na servírovanie nalejte cestoviny na palacinky.

Bravčové s ustricovou omáčkou

Pre 4-6

450 g chudého bravčového mäsa
15 ml/1 polievková lyžica kukuričného škrobu (kukuričný škrob)
10 ml/2 ČL ryžového vína alebo suchého sherry
štipka cukru
45 ml/3 lyžice arašidového oleja (arašidový olej)
10 ml/2 lyžičky vody
30 ml/2 lyžice ustricovej omáčky
čerstvo mleté korenie
1 plátok koreňa zázvoru, nasekaný
60 ml/4 lyžice kuracieho vývaru

Bravčové mäso nakrájajte na tenké plátky oproti zrnu. Zmiešajte 5 ml / 1 ČL kukuričného škrobu s vínom alebo sherry, cukrom a 5 ml / 1 ČL oleja, pridajte k bravčovému mäsu a dobre premiešajte. Zvyšný kukuričný škrob zmiešame s vodou, ustricovou omáčkou a štipkou korenia. Zvyšný olej zohrejte a zázvor 1 minútu orestujte. Pridajte bravčové mäso a zľahka opečte, kým jemne nezhnedne. Pridajte vývar a zmes vody a ustricovej omáčky, priveďte do varu, prikryte a duste 3 minúty.

Bravčové mäso s arašidmi

za 4

450 g chudého bravčového mäsa, nakrájaného na kocky
15 ml/1 polievková lyžica kukuričného škrobu (kukuričný škrob)
5 ml/1 ČL soli
1 vaječný bielok
3 jarné cibuľky (nakrájaná cibuľka).
1 strúčik cesnaku, nasekaný
1 plátok koreňa zázvoru, nasekaný
45 ml/3 lyžice kuracieho vývaru
15 ml/1 polievková lyžica ryžového vína alebo suchého sherry
15 ml/1 polievková lyžica sójovej omáčky
10 ml/2 ČL čierneho sirupu
45 ml/3 lyžice arašidového oleja (arašidový olej)
½ uhorky, nakrájanej na kocky
25 g lúpaných arašidov
5 ml/1 ČL čili oleja

Pomiešajte bravčové mäso s polovicou kukuričného škrobu, soľou a vaječným bielkom a dobre premiešajte, aby sa bravčové mäso obalilo. Skombinujte zvyšný kukuričný škrob s cibuľkou, cesnakom, zázvorom, vývarom, vínom alebo sherry, sójovou omáčkou a sirupom. Zohrejte olej a opečte bravčové mäso, kým nie je mierne hnedé, potom ho vyberte z panvice. Vložte uhorku do panvice a smažte niekoľko minút. Vráťte bravčové mäso do panvice a jemne premiešajte. Vmiešame zmes korenia, privedieme do varu a za stáleho miešania dusíme, kým omáčka nie je číra a nezhustne. Vmiešajte arašidy a čili olej a pred podávaním prehrejte.

Bravčové mäso s paprikou

za 4

45 ml/3 lyžice arašidového oleja (arašidový olej)
225 g chudého bravčového mäsa, nakrájaného na kocky
1 cibuľa, nakrájaná na kocky
2 zelené papriky, nakrájané na kocky
½ hlavy čínskych listov, nakrájaných na kocky
1 plátok koreňa zázvoru, nasekaný
15 ml/1 polievková lyžica sójovej omáčky
15 ml/1 polievková lyžica cukru
2,5 ml/½ lyžičky soli

Zahrejte olej a opečte bravčové mäso do zlatista, asi 4 minúty. Pridáme cibuľu a restujeme asi 1 minútu. Pridajte papriku a duste 1 minútu. Pridajte čínske listy a za stáleho miešania smažte 1 minútu. Zvyšné ingrediencie zmiešame, vmiešame na panvicu a za stáleho miešania smažíme ďalšie 2 minúty.

Pikantné bravčové mäso s kyslou uhorkou

za 4

900 g bravčových rezňov
30 ml/2 lyžice kukuričného škrobu (kukuričný škrob)
45 ml/3 lyžice sójovej omáčky
30 ml/2 lyžice sladkého sherry
5 ml/1 ČL strúhaného koreňa zázvoru
2,5 ml/½ lyžičky prášku z piatich korení
Štipka čerstvo mletého korenia
olej na vyprážanie
60 ml/4 lyžice kuracieho vývaru
Čínska nakladaná zelenina

Kotlety nakrájajte a odstráňte všetok tuk a kosti. Zmiešajte kukuričný škrob, 30 ml/2 polievkové lyžice sójovej omáčky, sherry, zázvor, prášok z piatich korení a korenie. Nalejte na bravčové mäso a miešajte, kým sa úplne nepokryje. Zakryte a nechajte 2 hodiny marinovať, občas obracajte. Zohrejte olej a opečte bravčové mäso do zlatista a uvarené. Scedíme na kuchynskom papieri. Bravčové mäso nahrubo nakrájajte, preložte do predhriatej servírovacej misy a udržiavajte v teple. Zmiešajte vývar a zvyšnú sójovú omáčku v malom hrnci. Priveďte do varu a nalejte na nakrájané bravčové mäso. Podávame ozdobené zmiešanými kyslými uhorkami.

Bravčové mäso so slivkovou omáčkou

za 4

450 g bravčového duseného mäsa, nakrájaného na kocky
2 strúčiky cesnaku, rozdrvené
Soľ-
60 ml/4 lyžice paradajkového kečupu (katsup)
30 ml/2 lyžice sójovej omáčky
45 ml/3 lyžice slivkovej omáčky
5 ml/1 ČL kari
5 ml/1 ČL papriky
2,5 ml/½ lyžičky čerstvo mletého korenia
45 ml/3 lyžice arašidového oleja (arašidový olej)
6 jarných cibuliek (jarných cibuľiek), nakrájaných na prúžky
4 mrkvy, nakrájané na prúžky

Mäso marinujeme s cesnakom, soľou, paradajkovým kečupom, sójovou omáčkou, slivkovou omáčkou, kari, paprikou a korením 30 minút. Rozohrejte olej a mäso opečte, kým jemne nezhnedne. Odstráňte z woku. Pridajte zeleninu do oleja a duste, kým nebude mäkká. Mäso vráťte na panvicu a pred podávaním mierne prehrejte.

Bravčové mäso s krevetami

Podáva 6-8

900 g chudého bravčového mäsa
30 ml/2 polievkové lyžice arašidového oleja (arašidový olej)
1 cibuľa, nakrájaná na plátky
1 jarná cibuľka (nasekaná cibuľka).
2 strúčiky cesnaku, rozdrvené
30 ml/2 lyžice sójovej omáčky
50 g ošúpaných kreviet, nasekaných
(poschodie)
600 ml/1 pt/2½ šálky vriacej vody
15 ml/1 polievková lyžica cukru

Hrniec s vodou privedieme do varu, pridáme bravčové mäso, prikryjeme a dusíme 10 minút. Vyberte z panvice a dobre sceďte, potom nakrájajte na kocky. Rozpálime olej a orestujeme na ňom cibuľu, jarnú cibuľku a cesnak, kým jemne nezhnednú. Pridajte bravčové mäso a opečte, kým jemne nezhnedne. Pridajte sójovú omáčku a krevety a za stáleho miešania smažte 1 minútu. Pridajte vriacu vodu a cukor, prikryte a duste, kým bravčové mäso nezmäkne, asi 40 minút.

Červené varené bravčové mäso

za 4

675 g chudého bravčového mäsa, nakrájaného na kocky
250 ml / 8 fl oz / 1 šálka vody
1 plátok koreňa zázvoru, rozdrvený
60 ml/4 lyžice sójovej omáčky
15 ml/1 polievková lyžica ryžového vína alebo suchého sherry
5 ml/1 ČL soli
10 ml/2 ČL hnedého cukru

Vložte bravčové mäso a vodu do hrnca a priveďte vodu do varu. Pridáme zázvor, sójovú omáčku, sherry a soľ, prikryjeme a dusíme 45 minút. Pridáme cukor, mäso otočíme, prikryjeme a dusíme ďalších 45 minút, kým bravčové mäso nezmäkne.

Bravčové mäso v červenej omáčke

za 4

30 ml/2 polievkové lyžice arašidového oleja (arašidový olej)
225 g bravčových obličiek nakrájaných na prúžky
450 g bravčového mäsa, nakrájaného na prúžky
1 cibuľa, nakrájaná na plátky
4 jarné cibuľky (jarné cibuľky), nakrájané na pásiky
2 mrkvy, nakrájané na prúžky
1 palica zeleru, nakrájaná na pásiky
1 červená paprika, nakrájaná na prúžky
45 ml/3 lyžice sójovej omáčky
45 ml/3 polievkové lyžice suchého bieleho vína
300 ml/½ pt/1¼ šálky kuracieho vývaru
30 ml/2 lyžice slivkovej omáčky
30 ml/2 lyžice vínneho octu
5 ml/1 lyžička prášku z piatich korení
5 ml/1 ČL hnedého cukru
15 ml/1 polievková lyžica kukuričného škrobu (kukuričný škrob)
15 ml/1 polievková lyžica vody

Zahrejte olej a smažte obličky 2 minúty, potom vyberte z panvice. Zohrejte olej a opečte bravčové mäso, kým jemne nezhnedne. Pridajte zeleninu a restujte 3 minúty. Pridajte sójovú omáčku, víno, vývar, slivkovú omáčku, vínny ocot, prášok z piatich korení a cukor, priveďte do varu, prikryte a duste 30 minút do mäkka. Pridajte obličky. Zmiešajte kukuričný škrob a vodu a vmiešajte do panvice. Priveďte do varu, potom za stáleho miešania varte, kým omáčka nezhustne.

Bravčové mäso s ryžovými rezancami

za 4

4 sušené čínske huby
100 g ryžových rezancov
225 g chudého bravčového mäsa nakrájaného na prúžky
15 ml/1 polievková lyžica kukuričného škrobu (kukuričný škrob)
15 ml/1 polievková lyžica sójovej omáčky
15 ml/1 polievková lyžica ryžového vína alebo suchého sherry
45 ml/3 lyžice arašidového oleja (arašidový olej)
2,5 ml/½ lyžičky soli
1 plátok koreňa zázvoru, nasekaný
2 paličky zeleru, nasekané
120 ml / 4 fl oz / ½ šálky kuracieho vývaru
2 jarné cibuľky (plátky cibule).

Huby namočíme na 30 minút do teplej vody a potom scedíme. Vyhoďte a stonky a odrežte čiapky. Rezance namočíme na 30 minút do teplej vody, potom scedíme a nakrájame na 5 cm/2 kusy. Vložte bravčové mäso do misy. Skombinujte kukuričný škrob, sójovú omáčku a víno alebo sherry, nalejte na bravčové mäso a premiešajte. Zohrejte olej a niekoľko sekúnd opečte soľ a zázvor. Pridajte bravčové mäso a zľahka opečte, kým jemne nezhnedne. Pridajte huby a zeler a duste 1 minútu. Pridáme vývar, privedieme do varu, prikryjeme a 2 minúty podusíme. Pridajte rezance a zahrievajte 2 minúty. Vmiešame jarnú cibuľku a ihneď podávame.

Bohaté bravčové gule

za 4

450 g mletého bravčového mäsa (
100 g tofu, pyré
4 vodné gaštany nakrájané nadrobno
Soľ a čerstvo mleté korenie
120 ml / 4 fl oz / ½ šálky arašidového oleja (arašidový olej)
1 plátok koreňa zázvoru, nasekaný
600 ml/1 pt/2½ šálky kuracieho vývaru
15 ml/1 polievková lyžica sójovej omáčky
5 ml/1 ČL hnedého cukru
5 ml/1 ČL ryžového vína alebo suchého sherry

Bravčové mäso, tofu a gaštany zmiešame a dochutíme soľou a korením. Formujte do veľkých guľôčok. Zohrejte olej a opečte bravčové guľky zo všetkých strán dozlatista, potom vyberte z panvice. Sceďte olej, okrem 15 ml/1 polievková lyžica, a pridajte zázvor, vývar, sójovú omáčku, cukor a víno alebo sherry. Bravčové guľôčky vráťte do panvice, priveďte do varu a 20 minút jemne varte, kým nezmäknú.

Vyprážané bravčové kotlety

za 4

4 bravčové kotlety
75 ml/5 lyžíc sójovej omáčky
olej na vyprážanie
100 g zelerových tyčiniek
3 jarné cibuľky (nakrájaná cibuľka).
1 plátok koreňa zázvoru, nasekaný
15 ml/1 polievková lyžica ryžového vína alebo suchého sherry
120 ml / 4 fl oz / ½ šálky kuracieho vývaru
Soľ a čerstvo mleté korenie
5 ml/1 ČL sezamového oleja

Namáčajte bravčové kotlety v sójovej omáčke, kým nebudú dobre pokryté. Rozpálime olej a kotlety opečieme do zlatista. Vyberte a dobre sceďte. Zeler poukladajte na dno plytkej nádoby odolnej voči rúre. Posypeme jarnou cibuľkou a zázvorom a navrch poukladáme bravčové rezne. Zalejeme vínom alebo sherry a vývarom a dochutíme soľou a korením. Pokvapkáme sezamovým olejom. Pečieme vo vyhriatej rúre na 200°C/400°C/plyn 6 15 minút.

Korenené bravčové mäso

za 4

1 uhorka, nakrájaná na kocky

Soľ-

450 g chudého bravčového mäsa, nakrájaného na kocky
5 ml/1 ČL soli
45 ml/3 lyžice sójovej omáčky
30 ml/2 lyžice ryžového vína alebo suchého sherry
30 ml/2 lyžice kukuričného škrobu (kukuričný škrob)
15 ml/1 polievková lyžica hnedého cukru
60 ml/4 polievkové lyžice arašidového oleja (arašidový olej)
1 plátok koreňa zázvoru, nasekaný
1 strúčik cesnaku, nasekaný
1 červená paprika zbavená semienok a nakrájaná
60 ml/4 lyžice kuracieho vývaru

Uhorku posypte soľou a odložte. Zmiešajte bravčové mäso, soľ, 15 ml / 1 polievková lyžica sójovej omáčky, 15 ml / 1 polievková lyžica vína alebo sherry, 15 ml / 1 polievková lyžica kukuričného škrobu, hnedý cukor a 15 ml / 1 polievková lyžica oleja. Nechajte 30 minút odpočívať, potom mäso vyberte z marinády. Zohrejte zvyšný olej a opečte bravčové mäso, kým jemne nezhnedne. Pridajte zázvor, cesnak a čili a restujte 2 minúty. Pridáme uhorku a restujeme 2 minúty. Do marinády vmiešame vývar a zvyšnú sójovú omáčku, víno alebo sherry a kukuričný škrob. Toto vmiešame do panvice a za stáleho miešania privedieme do varu. Za stáleho miešania dusíme, kým omáčka nie je číra a nezhustne a ďalej dusíme, kým mäso nezmäkne.

Hladké bravčové plátky

za 4

225 g chudého bravčového mäsa, nakrájaného na plátky
2 bielka
15 ml/1 polievková lyžica kukuričného škrobu (kukuričný škrob)
45 ml/3 lyžice arašidového oleja (arašidový olej)
50 g bambusových výhonkov nakrájaných na plátky
6 nasekaných jarných cibuliek (cibuliek).
2,5 ml/½ lyžičky soli
15 ml/1 polievková lyžica ryžového vína alebo suchého sherry
150 ml / ¼ pt / štedrý ½ šálky kuracieho vývaru

Zmiešajte bravčové mäso s vaječným bielkom a kukuričným škrobom, kým nebude dobre potiahnuté. Zohrejte olej a opečte bravčové mäso, kým nie je mierne hnedé, potom ho vyberte z panvice. Pridajte bambusové výhonky a jarnú cibuľku a restujte 2 minúty. Vráťte bravčové mäso do panvice so soľou, vínom alebo sherry a kuracím vývarom. Priveďte do varu a varte za miešania 4 minúty, kým bravčové mäso nezmäkne.

Bravčové mäso so špenátom a mrkvou

za 4

225 g chudého bravčového mäsa
2 mrkvy, nakrájané na prúžky
225 g špenátu
45 ml/3 lyžice arašidového oleja (arašidový olej)
1 jarná cibuľka (nakrájaná nadrobno).
15 ml/1 polievková lyžica sójovej omáčky
2,5 ml/½ lyžičky soli
10 ml/2 ČL kukuričného škrobu (kukuričný škrob)
30 ml/2 polievkové lyžice vody

Bravčové mäso nakrájajte na tenké plátky a potom nakrájajte na pásiky. Mrkvu predvarte asi 3 minúty a potom sceďte. Špenátové listy rozpolíme. Rozpálime olej a opražíme jarnú cibuľku dosklovita. Pridajte bravčové mäso a zľahka opečte, kým jemne nezhnedne. Pridajte mrkvu a sójovú omáčku a smažte 1 minútu. Pridajte soľ a špenát a za stáleho miešania opekajte do mäkka, asi 30 sekúnd. Zmiešajte kukuričnú múku a vodu, aby ste vytvorili pastu, vmiešajte do omáčky a za stáleho miešania opečte, kým nie je číra, a ihneď podávajte.

Dusené bravčové mäso

za 4

450 g chudého bravčového mäsa, nakrájaného na kocky
120 ml/4 fl oz/½ šálky sójovej omáčky
120 ml/4 fl oz/½ šálky ryžového vína alebo suchého sherry
15 ml/1 polievková lyžica hnedého cukru

Všetky ingrediencie spolu zmiešame a dáme do žiaruvzdornej misky. Duste na mriežke nad vriacou vodou do mäkka, asi 1½ hodiny.

Pečené bravčové mäso

za 4

*25 g sušených čínskych húb
15 ml/1 polievková lyžica arašidového oleja (arašidový olej)
450 g chudého bravčového mäsa, nakrájaného na plátky
1 zelená paprika, nakrájaná na kocky
15 ml/1 polievková lyžica sójovej omáčky
15 ml/1 polievková lyžica ryžového vína alebo suchého sherry
5 ml/1 ČL soli
5 ml/1 ČL sezamového oleja*

Huby namočíme na 30 minút do teplej vody a potom scedíme. Vyhoďte stonky a nakrájajte čiapky. Zohrejte olej a opečte bravčové mäso, kým jemne nezhnedne. Pridajte papriku a duste 1 minútu. Pridajte huby, sójovú omáčku, víno alebo sherry, osoľte a za stáleho miešania opekajte niekoľko minút, kým mäso nezmäkne. Pred podávaním vmiešame sezamový olej.

Bravčové mäso so sladkými zemiakmi

za 4

olej na vyprážanie
2 veľké sladké zemiaky, nakrájané na plátky
30 ml/2 polievkové lyžice arašidového oleja (arašidový olej)
1 plátok koreňa zázvoru, nakrájaný na plátky
1 cibuľa, nakrájaná na plátky
450 g chudého bravčového mäsa, nakrájaného na kocky
15 ml/1 polievková lyžica sójovej omáčky
2,5 ml/½ lyžičky soli
čerstvo mleté korenie
250 ml / 1 šálka kuracieho vývaru
30 ml/2 polievkové lyžice kari

Rozpálime olej a opražíme batáty do zlatista. Vyberte z panvice a dobre sceďte. Zahrejte arašidový olej (arašidový olej) a orestujte zázvor a cibuľu, kým jemne nezhnednú. Pridajte bravčové mäso a zľahka opečte, kým jemne nezhnedne. Pridáme sójovú omáčku, soľ a štipku korenia, vmiešame vývar a kari, privedieme do varu a za stáleho miešania varíme 1 minútu. Pridajte hnedú kašu, prikryte a duste 30 minút, alebo kým bravčové mäso nezmäkne.

Bravčové sladkokyslé

za 4

450 g chudého bravčového mäsa, nakrájaného na kocky

15 ml/1 polievková lyžica ryžového vína alebo suchého sherry

15 ml/1 polievková lyžica arašidového oleja (arašidový olej)

5 ml/1 ČL kari

1 vajce, rozšľahané

Soľ-

100 g kukuričného škrobu (kukuričný škrob)

olej na vyprážanie

1 strúčik cesnaku, rozdrvený

75 g/½ šálky cukru

50 g paradajkového kečupu (katsup)

5 ml/1 ČL vínneho octu

5 ml/1 ČL sezamového oleja

Zmiešajte bravčové mäso s vínom alebo sherry, olejom, kari, vajcom a trochou soli. Miešajte kukuričný škrob, kým sa bravčové mäso nepotiahne cestom. Zohrejte olej do údenia, potom niekoľkokrát pridajte na kocky nakrájané bravčové mäso. Smažte 3 minúty, potom sceďte a odstavte. Rozpálime olej a kocky opäť opekáme asi 2 minúty. Vyberte a sceďte. Cesnak, cukor, paradajkový kečup a vínny ocot zahrievajte za stáleho miešania, kým sa cukor nerozpustí. Priveďte do varu, potom pridajte bravčové kocky a dobre premiešajte. Vmiešame sezamový olej a podávame.

Výdatné bravčové mäso

za 4

30 ml/2 polievkové lyžice arašidového oleja (arašidový olej)
450 g chudého bravčového mäsa, nakrájaného na kocky
3 jarné cibuľky (plátky cibule).
2 strúčiky cesnaku, rozdrvené
1 plátok koreňa zázvoru, nasekaný
250 ml / 8 fl oz / 1 šálka sójovej omáčky
30 ml/2 lyžice ryžového vína alebo suchého sherry
30 ml/2 lyžice hnedého cukru
5 ml/1 ČL soli
600 ml/1 pt/2½ šálky vody

Zahrejte olej a opečte bravčové mäso do zlatista. Prebytočný olej scedíme, pridáme jarnú cibuľku, cesnak a zázvor a restujeme 2 minúty. Pridajte sójovú omáčku, víno alebo sherry, cukor a soľ a dobre premiešajte. Pridajte vodu, priveďte do varu, prikryte a varte 1 hodinu.

Bravčové mäso s tofu

za 4

450 g chudého bravčového mäsa
45 ml/3 lyžice arašidového oleja (arašidový olej)
1 cibuľa, nakrájaná na plátky
1 strúčik cesnaku, rozdrvený
225 g tofu nakrájaného na kocky
375 ml / 13 fl oz / 1 ½ šálky kuracieho vývaru
15 ml/1 polievková lyžica hnedého cukru
60 ml/4 lyžice sójovej omáčky
2,5 ml/½ lyžičky soli

Vložte bravčové mäso do hrnca a podlejte vodou. Priveďte do varu a potom varte 5 minút. Scedíme a necháme vychladnúť, potom nakrájame na kocky.

Rozpálime olej a opražíme na ňom cibuľu a cesnak, kým jemne nezhnednú. Pridajte bravčové mäso a opečte, kým jemne nezhnedne. Pridajte tofu a jemne miešajte, kým sa nepokryje olejom. Pridajte vývar, cukor, sójovú omáčku a soľ, priveďte do varu, prikryte a duste asi 40 minút, kým bravčové mäso nezmäkne.

Mäkké vyprážané bravčové mäso

za 4

225 g bravčového filé nakrájaného na kocky
1 vaječný bielok
30 ml/2 lyžice ryžového vína alebo suchého sherry
Soľ-
225 g kukuričného škrobu (kukuričný škrob)
olej na vyprážanie

Zmiešajte bravčové mäso s bielkom, vínom alebo sherry a trochou soli. Postupne pridávajte dostatok kukuričného škrobu, aby vzniklo husté cesto. Rozohrejte olej a bravčové mäso opečte, kým nie je zvonka zlaté a chrumkavé a zvnútra mäkké.

Dvakrát varené bravčové mäso

za 4

225 g chudého bravčového mäsa
45 ml/3 lyžice arašidového oleja (arašidový olej)
2 zelené papriky, nakrájané na kúsky
2 strúčiky cesnaku, nasekané
2 jarné cibuľky (plátky cibule).
15 ml/1 polievková lyžica horúcej fazuľovej omáčky
15 ml/1 polievková lyžica kuracieho vývaru
5 ml/1 ČL cukru

Vložte bravčové mäso do panvice, podlejte vodou, priveďte do varu a varte 20 minút, kým nezmäkne. Vyberte a sceďte, potom nechajte vychladnúť. nakrájajte na tenké plátky.

Zohrejte olej a opečte bravčové mäso, kým jemne nezhnedne. Pridajte papriku, cesnak a jarnú cibuľku a restujte 2 minúty. Vyberte z panvice. Pridajte fazuľovú omáčku, vývar a cukor do panvice a za stáleho miešania varte 2 minúty. Vráťte bravčové mäso a papriku a duste, kým sa nezahreje. Ihneď podávajte.

bravčové mäso so zeleninou

za 4

2 strúčiky cesnaku, rozdrvené

5 ml/1 ČL soli

2,5 ml/½ lyžičky čerstvo mletého korenia

30 ml/2 polievkové lyžice arašidového oleja (arašidový olej)

30 ml/2 lyžice sójovej omáčky

225 g ružičiek brokolice

200 g ružičiek karfiolu

1 červená paprika, nakrájaná na kocky

1 cibuľa, nakrájaná

2 pomaranče, ošúpané a nakrájané na kocky

1 kus stonky zázvoru, nasekaný

30 ml/2 lyžice kukuričného škrobu (kukuričný škrob)

300 ml/½ pt/1 ¼ šálky vody

20 ml/2 lyžice vínneho octu

15 ml/1 polievková lyžica medu

Štipka mletého zázvoru

2,5 ml/½ lyžičky rasce

Do mäsa roztlačíme cesnak, soľ a korenie. Rozohrejte olej a mäso opečte, kým jemne nezhnedne. Vyberte z panvice. Pridajte sójovú omáčku a zeleninu na panvicu a za stáleho miešania opečte, kým nebude mäkká, ale stále chrumkavá. Pridajte pomaranče a zázvor. Zmiešajte kukuričný škrob a vodu a vmiešajte do panvice s vínnym octom, medom, zázvorom a rascou. Priveďte do varu a za stáleho miešania varte 2 minúty.

Vráťte bravčové mäso na panvicu a pred podávaním ho prehrejte.

Bravčové mäso s vlašskými orechmi

za 4

50 gramov vlašských orechov
225 g chudého bravčového mäsa nakrájaného na prúžky
30 ml/2 polievkové lyžice čistej (univerzálnej) múky
30 ml/2 lyžice hnedého cukru
30 ml/2 lyžice sójovej omáčky
olej na vyprážanie
15 ml/1 polievková lyžica arašidového oleja (arašidový olej)

Vlašské orechy blanšírujeme vo vriacej vode 2 minúty, potom scedíme. Bravčové mäso dobre premiešame s múkou, cukrom a 15 ml/1 ČL sójovej omáčky. Rozpálime olej a opečieme bravčové mäso do chrumkava a do zlatista. Scedíme na kuchynskom papieri. Zahrejte arašidový olej (arašidový olej) a opečte vlašské orechy do zlatista. Pridajte bravčové mäso na panvicu, posypte zvyšnou sójovou omáčkou a za stáleho miešania opečte, kým nebude horúca.

Bravčové wontony

za 4

450 g mletého bravčového mäsa (
1 jarná cibuľka (nasekaná cibuľka).
225 g nasekanej zeleniny
30 ml/2 lyžice sójovej omáčky
5 ml/1 ČL soli
40 wonton skinov
olej na vyprážanie

Rozohrejte panvicu a opečte bravčové mäso a cibuľku, kým jemne nezhnedne. Odstráňte z tepla a vmiešajte zeleninu, sójovú omáčku a soľ.

Ak chcete zložiť wonton, držte kožu v ľavej dlani a naberajte trochu náplne do stredu. Okraje navlhčite vajíčkom a zložte kožu do trojuholníka, pričom okraje utesnite. Rohy navlhčite vajíčkom a zatočte ich k sebe.

Rozpálime olej a postupne opekáme wontony do zlatista. Pred podávaním dobre sceďte.

Bravčové mäso s vodnými gaštanmi

za 4

45 ml/3 lyžice arašidového oleja (arašidový olej)
1 strúčik cesnaku, rozdrvený
1 jarná cibuľka (nasekaná cibuľka).
1 plátok koreňa zázvoru, nasekaný
225 g chudého bravčového mäsa nakrájaného na prúžky
100 g vodných gaštanov nakrájaných na tenké plátky
45 ml/3 lyžice sójovej omáčky
15 ml/1 polievková lyžica ryžového vína alebo suchého sherry
5 ml/1 ČL kukuričného škrobu (kukuričný škrob)

Rozpálime olej a orestujeme cesnak, jarnú cibuľku a zázvor, kým jemne nezhnednú. Pridajte bravčové mäso a duste 10 minút do zlatista. Pridajte vodné gaštany a smažte 3 minúty. Pridajte zvyšné ingrediencie a za stáleho miešania smažte 3 minúty.

Bravčové mäso a krevety wontons

za 4

225 g mletého (mletého) bravčového mäsa
2 jarné cibuľky (nakrájaná cibuľka).
100 g zmiešanej zeleniny, nakrájanej
100 g nasekaných húb
225 g ošúpaných kreviet, nasekaných
15 ml/1 polievková lyžica sójovej omáčky
2,5 ml/½ lyžičky soli
40 wonton skinov
olej na vyprážanie

Rozohrejte panvicu a opečte bravčové mäso a cibuľku, kým jemne nezhnedne. Vmiešame zvyšné ingrediencie.

Ak chcete zložiť wonton, držte kožu v ľavej dlani a naberajte trochu náplne do stredu. Okraje navlhčite vajíčkom a zložte kožu do trojuholníka, pričom okraje utesnite. Rohy navlhčite vajíčkom a zatočte ich k sebe.

Rozpálime olej a postupne opekáme wontony do zlatista. Pred podávaním dobre sceďte.

Dusené mäsové guľky

za 4

2 strúčiky cesnaku, rozdrvené
2,5 ml/½ lyžičky soli
450 g mletého bravčového mäsa (
1 cibuľa, nakrájaná
1 červená paprika, nasekaná
1 zelená paprika, nasekaná
2 kusy stonky zázvoru, nasekané
5 ml/1 ČL kari
5 ml/1 ČL papriky
1 vajce, rozšľahané
45 ml/3 lyžice kukuričného škrobu (kukuričný škrob)
50 g krátkozrnnej ryže
Soľ a čerstvo mleté korenie
60 ml/4 lyžice nasekanej pažítky

Zmiešajte cesnak, soľ, bravčové mäso, cibuľu, papriku, zázvor, kari a papriku. Do zmesi zapracujeme vajíčko spolu s kukuričným škrobom a ryžou. Dochutíme soľou a korením, potom vmiešame pažítku. Zo zmesi tvarujte mokrými rukami malé guľôčky. Vložte ich do parného koša, prikryte a varte nad jemne vriacou vodou 20 minút, kým nezmäknú.

Rebrá s omáčkou z čiernej fazule

za 4

900 g bravčových rebier

2 strúčiky cesnaku, rozdrvené

2 jarné cibuľky (nakrájaná cibuľka).

30 ml/2 lyžice omáčky z čiernej fazule

30 ml/2 lyžice ryžového vína alebo suchého sherry

15 ml/1 polievková lyžica vody

30 ml/2 lyžice sójovej omáčky

15 ml/1 polievková lyžica kukuričného škrobu (kukuričný škrob)

5 ml/1 ČL cukru

120 ml/4 fl oz ½ šálky vody

30 ml/2 lyžice oleja

2,5 ml/½ lyžičky soli

120 ml / 4 fl oz / ½ šálky kuracieho vývaru

Náhradné rebrá nakrájajte na 2,5 cm/1 kus. Zmiešajte cesnak, jarnú cibuľku, omáčku z čiernej fazule, víno alebo sherry, vodu a 15 ml/1 polievkovú lyžicu sójovej omáčky. Zmiešajte zvyšnú sójovú omáčku s kukuričným škrobom, cukrom a vodou. Zohrejte olej a soľ a opečte rebrá do zlatista. Vypustite olej. Pridajte cesnakovú zmes a restujte 2 minúty. Pridáme vývar, privedieme do varu, prikryjeme a dusíme 4 minúty. Vmiešame zmes kukuričného škrobu a varíme za stáleho miešania, kým omáčka nie je číra a nezhustne.

Grilované náhradné rebierka

za 4

3 strúčiky cesnaku, rozdrvené
75 ml/5 lyžíc sójovej omáčky
60 ml/4 polievkové lyžice hoisin omáčky
60 ml/4 lyžice ryžového vína alebo suchého sherry
45 ml/3 lyžice hnedého cukru
30 ml/2 lyžice paradajkového pretlaku (pasta)
900 g bravčových rebier
15 ml/1 polievková lyžica medu

Zmiešajte cesnak, sójovú omáčku, omáčku hoisin, víno alebo sherry, hnedý cukor a paradajkový pretlak, nalejte na rebrá, prikryte a nechajte cez noc marinovať.

Rebierka sceďte a poukladajte na mriežku do pekáča s trochou vody pod ním. Pečieme v predhriatej rúre pri 180°C/350°F/plyn 4 počas 45 minút, občas polievame marinádou, pričom si odložíme 30 ml/2 polievkové lyžice marinády. Odloženú marinádu zmiešame s medom a potrieme rebrá. Grilujeme alebo grilujeme pod rozpáleným grilom 10 minút.

Grilované javorové náhradné rebrá

za 4

900 g bravčových rebier
60 ml/4 polievkové lyžice javorového sirupu
5 ml/1 ČL soli
5 ml/1 ČL cukru
45 ml/3 lyžice sójovej omáčky
15 ml/1 polievková lyžica ryžového vína alebo suchého sherry
1 strúčik cesnaku, rozdrvený

Náhradné rebrá nakrájajte na 5 cm/2 kusy a vložte do misy. Zmiešajte všetky ingrediencie, pridajte náhradné rebrá a dobre premiešajte. Prikryte a nechajte cez noc marinovať. Grilujte alebo grilujte na stredne vysokej teplote 30 minút.

Vyprážané náhradné rebrá

za 4

900 g bravčových rebier
120 ml / 4 fl oz / ½ šálky paradajkového kečupu (katsup)
120 ml/4 fl oz/½ šálky vínneho octu
60 ml/4 polievkové lyžice mangového chutney
45 ml/3 lyžice ryžového vína alebo suchého sherry
2 strúčiky cesnaku, nasekané
5 ml/1 ČL soli
45 ml/3 lyžice sójovej omáčky
30 ml/2 lyžice medu
15 ml/1 polievková lyžica jemného kari
15 ml/1 ČL papriky
olej na vyprážanie
60 ml/4 lyžice nasekanej pažítky

Vložte náhradné rebrá do misy. Všetky suroviny okrem oleja a pažítky zmiešame, nalejeme na rebierka, prikryjeme a necháme marinovať aspoň 1 hodinu. Rozpálime olej a rebierka opečieme dochrumkava. Podávame posypané pažítkou.

Náhradné rebierka s pórom

za 4

450 g bravčových rebier

olej na vyprážanie
250 ml / 8 fl oz / 1 šálka vývaru
30 ml/2 lyžice paradajkového kečupu (katsup)
2,5 ml/½ lyžičky soli
2,5 ml/½ lyžičky cukru
2 póry, nakrájané na kúsky
6 jarných cibuliek (jarných cibuľiek), nakrájaných na kúsky
50 g ružičiek brokolice
5 ml/1 ČL sezamového oleja

Náhradné rebrá nakrájajte na 5 cm kúsky. Zahrejte olej a opečte náhradné rebrá, kým nezačnú hnednúť. Vyberte z panvice a vypustite všetko okrem 30 ml/2 polievkové lyžice oleja. Pridáme vývar, paradajkový kečup, soľ a cukor, privedieme do varu a 1 minútu povaríme. Rebierka vrátime na panvicu a dusíme do mäkka, asi 20 minút.

Medzitým zohrejeme ďalších 30 ml/ 2 PL oleja a orestujeme na ňom pór, jarnú cibuľku a brokolicu asi 5 minút. Pokvapkáme sezamovým olejom a poukladáme na predhriaty tanier. Do stredu položte náhradné rebrá a omáčku a podávajte.

Náhradné rebrá s hubami

Pre 4-6

6 sušených čínskych húb
900 g bravčových rebier
2 klinčeky badiánu
45 ml/3 lyžice sójovej omáčky
5 ml/1 ČL soli
15 ml/1 polievková lyžica kukuričného škrobu (kukuričný škrob)

Huby namočíme na 30 minút do teplej vody a potom scedíme. Vyhoďte a stonky a odrežte čiapky. Náhradné rebrá nakrájajte na 5 cm/2 kusy. V hrnci priveďte vodu do varu, pridajte rebierka a varte 15 minút. Dobre sceďte. Rebierka vrátime do panvice a podlejeme studenou vodou. Pridáme huby, badián, sójovú omáčku a soľ. Priveďte do varu, prikryte a duste, kým mäso nezmäkne, asi 45 minút. Kukuričný škrob zmiešame s trochou studenej vody, vmiešame do panvice a za stáleho miešania dusíme, kým sa omáčka nevyjasní a nezhustne.

Náhradné rebrá s pomarančom

za 4

900 g bravčových rebier
5 ml/1 ČL strúhaného syra
5 ml/1 ČL kukuričného škrobu (kukuričný škrob)
45 ml/3 lyžice ryžového vína alebo suchého sherry
Soľ-
olej na vyprážanie
15 ml/1 polievková lyžica vody
2,5 ml/½ lyžičky cukru
15 ml/1 polievková lyžica paradajkového pretlaku (pasta)
2,5 ml/½ lyžičky chilli omáčky
strúhaná kôra z 1 pomaranča
1 pomaranč, nakrájaný na plátky

Rebierka nakrájame na kúsky a zmiešame so syrom, kukuričným škrobom, 5 ml/ 1 lyžičkou vína alebo sherry a štipkou soli. Nechajte 30 minút marinovať. Rozohrejte olej a rebierka opečte do zlatista, asi 3 minúty. Vo woku zohrejte 15 ml/1 polievkovú lyžicu oleja, pridajte vodu, cukor, paradajkový pretlak, čili omáčku, pomarančovú kôru a zvyšné víno alebo sherry a na miernom ohni miešajte 2 minúty. Pridajte bravčové mäso a miešajte, kým sa dobre nepotiahne. Položíme na vyhriaty tanier a podávame ozdobené plátkami pomaranča.

Ananásové náhradné rebrá

za 4

900 g bravčových rebier
600 ml/1 pt/2½ šálky vody
30 ml/2 polievkové lyžice arašidového oleja (arašidový olej)
2 strúčiky cesnaku nakrájané nadrobno
200 g konzervovaných kúskov ananásu v ovocnej šťave
120 ml / 4 fl oz / ½ šálky kuracieho vývaru
60 ml/4 lyžice vínneho octu
50 g / ¼ šálky hnedého cukru
15 ml/1 polievková lyžica sójovej omáčky
15 ml/1 polievková lyžica kukuričného škrobu (kukuričný škrob)
3 jarné cibuľky (nakrájaná cibuľka).

Vložte bravčové mäso a vodu do panvice, priveďte do varu, prikryte a duste 20 minút. Dobre sceďte.

Zohrejte olej a opečte cesnak, kým jemne nezhnednc. Pridajtc rebrá a opečte, kým sa dobre nepotiahnu v oleji. Kúsky ananásu sceďte a pridajte 120 ml šťavy do panvice s vývarom, vínnym octom, cukrom a sójovou omáčkou. Priveďte do varu, prikryte a varte 10 minút. Pridáme scedený ananás. Kukuričnú múku zmiešame s trochou vody, vmiešame do omáčky a za stáleho miešania dusíme, kým omáčka nie je číra a nezhustne. Podávame posypané jarnou cibuľkou.

Krevetové náhradné rebrá

za 4

900 g bravčových rebier
450 g ošúpaných kreviet
5 ml/1 ČL cukru
Soľ a čerstvo mleté korenie
30 ml/2 polievkové lyžice čistej (univerzálnej) múky
1 vajce, zľahka rozšľahané
100 gramov strúhanky
olej na vyprážanie

Náhradné rebrá nakrájajte na 5 cm kúsky. Odrežte časť mäsa a nasekajte s krevetami, cukrom, soľou a korením. Vmiešame múku a toľko vajec, aby bola zmes lepkavá. Rebierka roztlačíme a posypeme strúhankou. Rozohrejte olej a rebierka opečte, kým nevyplávajú na povrch. Dobre sceďte a podávajte horúce.

Rebierka s ryžovým vínom

za 4

900 g bravčových rebier
450 ml/¾ pt/2 šálky vody
60 ml/4 lyžice sójovej omáčky
5 ml/1 ČL soli
30 ml/2 lyžice ryžového vína
5 ml/1 ČL cukru

Rebierka nakrájajte na 2,5 cm/1 kus. Vložte do hrnca s vodou, sójovou omáčkou a soľou, priveďte do varu, prikryte a varte 1 hodinu. Dobre sceďte. Zohrejte panvicu a pridajte rebrá, ryžové víno a cukor. Miešajte na vysokej teplote, kým sa kvapalina neodparí.

Náhradné rebrá so sezamovými semienkami

za 4

900 g bravčových rebier
1 vajce
30 ml/2 polievkové lyžice čistej (univerzálnej) múky
5 ml/1 ČL zemiakovej múky
45 ml/3 lyžice vody
olej na vyprážanie
30 ml/2 polievkové lyžice arašidového oleja (arašidový olej)
30 ml/2 lyžice paradajkového kečupu (katsup)
30 ml/2 lyžice hnedého cukru
10 ml/2 ČL vínneho octu
45 ml/3 lyžice sezamových semienok
4 listy šalátu

Náhradné rebrá nakrájajte na 10 cm/4 kusy a vložte do misy. Vajíčko zmiešame s múkou, zemiakovou múkou a vodou, vmiešame do rebierok a necháme 4 hodiny odpočívať.

Zohrejte olej a opečte rebierka do zlatista, potom vyberte a sceďte. Rozpálime olej a pár minút opekáme paradajkový kečup, hnedý cukor, vínny ocot. Pridajte rebierka a za stáleho miešania opečte, kým nie sú úplne zakryté. Posypeme sezamovými semienkami a smažíme 1 minútu. Listy hlávkového šalátu poukladajte na predhriaty tanier na servírovanie, navrch položte rebrá a podávajte.

Sladkokyslé náhradné rebrá

za 4

900 g bravčových rebier
600 ml/1 pt/2½ šálky vody
30 ml/2 polievkové lyžice arašidového oleja (arašidový olej)
2 strúčiky cesnaku, rozdrvené
5 ml/1 ČL soli
100 gramov hnedého cukru
75 ml/5 lyžíc kuracieho vývaru
60 ml/4 lyžice vínneho octu
100 g konzervovaných kúskov ananásu v sirupe
15 ml/1 polievková lyžica paradajkového pretlaku (pasta)
15 ml/1 polievková lyžica sójovej omáčky
15 ml/1 polievková lyžica kukuričného škrobu (kukuričný škrob)
30 ml/2 lyžice sušeného kokosu

Vložte bravčové mäso a vodu do panvice, priveďte do varu, prikryte a duste 20 minút. Dobre sceďte.

Rozpálime olej a opražíme rebrá s cesnakom a soľou, kým nezhnednú. Pridajte cukor, vývar a vínny ocot a priveďte do varu. Sceďte ananás a pridajte 30 ml/2 polievkové lyžice sirupu do panvice s paradajkovým pretlakom, sójovou omáčkou a kukuričným škrobom. Dobre premiešame a dusíme za stáleho miešania, kým sa omáčka nevyjasní a nezhustne. Pridáme ananás, podusíme 3 minúty a podávame posypané kokosom.

Vyprážané náhradné rebrá

za 4

900 g bravčových rebier
1 vajce, rozšľahané
5 ml/1 ČL sójovej omáčky
5 ml/1 ČL soli
10 ml/2 ČL kukuričného škrobu (kukuričný škrob)
10 ml/2 ČL cukru
60 ml/4 polievkové lyžice arašidového oleja (arašidový olej)
250 ml / 1 šálka vínneho octu
250 ml / 8 fl oz / 1 šálka vody
250 ml/8 fl oz/1 šálka ryžového vína alebo suchého sherry

Vložte náhradné rebrá do misy. Vajíčko zmiešame so sójovou omáčkou, soľou, polovicou kukuričnej múky a polovicou cukru, pridáme k rebierkam a dobre premiešame. Zahrejte olej a opečte rebrá do hneda. Pridajte zvyšné ingrediencie, priveďte do varu a varte, kým sa tekutina takmer neodparí.

Náhradné rebrá s paradajkami

za 4

900 g bravčových rebier

75 ml/5 lyžíc sójovej omáčky

30 ml/2 lyžice ryžového vína alebo suchého sherry

2 vajcia, rozšľahané

45 ml/3 lyžice kukuričného škrobu (kukuričný škrob)

olej na vyprážanie

45 ml/3 lyžice arašidového oleja (arašidový olej)

1 cibuľa, nakrájaná na tenké plátky

250 ml / 1 šálka kuracieho vývaru

60 ml/4 lyžice paradajkového kečupu (katsup)

10 ml/2 ČL hnedého cukru

Náhradné rebrá nakrájajte na 2,5 cm/1 kus. Zmiešajte so 60 ml/4 polievkovými lyžicami sójovej omáčky a vínom alebo sherry a za občasného miešania nechajte 1 hodinu marinovať. Scedíme, zlikvidujeme marinádu. Rebierka potrieme vo vajci a potom v kukuričnom škrobe. Rozpálime olej a rebierka opečieme do zlatista. Dobre sceďte. Zahrejte arašidový olej (arašidový olej) a opečte cibuľu, kým nebude priehľadná. Pridajte vývar, zvyšnú sójovú omáčku, kečup a hnedý cukor a za stáleho miešania varte 1 minútu. Pridáme rebrá a dusíme 10 minút.

Grilovaná bravčová pečienka

Pre 4-6

1,25 kg bravčového pliecka bez kosti
2 strúčiky cesnaku, rozdrvené
2 jarné cibuľky (nakrájaná cibuľka).
250 ml / 8 fl oz / 1 šálka sójovej omáčky
120 ml/4 fl oz/½ šálky ryžového vína alebo suchého sherry
100 gramov hnedého cukru
5 ml/1 ČL soli

Vložte bravčové mäso do misy. Zvyšné suroviny zmiešame, nalejeme na bravčové mäso, prikryjeme a necháme 3 hodiny marinovať. Vložte bravčové mäso a marinádu do pekáča a pečte v predhriatej rúre pri teplote 200 °C/400 °F/plyn značka 6 počas 10 minút. Znížte teplotu na 160°C/325°F/ plynová značka 3 na 1¾ hodiny, kým bravčové mäso nezmäkne.

Studené bravčové s horčicou

za 4

1 kg vykosteného bravčového mäsa

250 ml / 8 fl oz / 1 šálka sójovej omáčky
120 ml/4 fl oz/½ šálky ryžového vína alebo suchého sherry
100 gramov hnedého cukru
3 jarné cibuľky (nakrájaná cibuľka).
5 ml/1 ČL soli
30 ml/2 polievkové lyžice horčičného prášku

Vložte bravčové mäso do misy. Všetky zvyšné ingrediencie okrem horčice zmiešame a nalejeme na bravčové mäso. Nechajte marinovať aspoň 2 hodiny za častého podlievania. Pekáč vysteľte hliníkovou fóliou a bravčové mäso položte na mriežku v miske. Pečte v predhriatej rúre pri teplote 200°C/400°F/plyn 6 počas 10 minút, potom znížte teplotu na 160°C/325°F/plyn 3 ďalších 1¾ hodiny, kým bravčové mäso nezmäkne. Nechajte vychladnúť a potom schlaďte v chladničke. Plátok veľmi tenký. Zmiešajte horčičný prášok len s takým množstvom vody, aby vznikla krémová pasta, ktorú podávame k bravčovému mäsu.

Čínske pečené bravčové mäso

za 6

1,25 kg pečeného bravčového mäsa, nakrájaného na hrubé plátky

2 strúčiky cesnaku nakrájané nadrobno

30 ml/2 lyžice ryžového vína alebo suchého sherry

15 ml/1 polievková lyžica hnedého cukru

15 ml/1 polievková lyžica medu

90 ml/6 lyžíc sójovej omáčky

2,5 ml/½ lyžičky prášku z piatich korení

Umiestnite bravčové mäso do plytkej misky. Zvyšné suroviny zmiešame, nalejeme na bravčové mäso, prikryjeme a necháme cez noc marinovať v chladničke, občas obraciame a podlievame.

Bravčový rezeň poukladáme na mriežku do pekáča naplneného trochou vody a dobre potrieme marinádou. Pečieme v predhriatej rúre na 180°C/350°F/plyn 5 približne 1 hodinu za občasného podlievania, kým nie je bravčové mäso hotové.

Bravčové mäso so špenátom

Podáva 6-8

30 ml/2 polievkové lyžice arašidového oleja (arašidový olej)

1,25 kg bravčového karé

250 ml / 1 šálka kuracieho vývaru

15 ml/1 polievková lyžica hnedého cukru

60 ml/4 lyžice sójovej omáčky

900 g špenátu

Rozpálime olej a bravčové mäso opečieme zo všetkých strán. Vypustite väčšinu tuku. Pridajte vývar, cukor a sójovú omáčku, priveďte do varu, prikryte a duste asi 2 hodiny, kým nebude bravčové mäso hotové. Mäso vyberte z panvice a nechajte mierne vychladnúť, potom nakrájajte na plátky. Pridajte špenát na panvicu a za mierneho miešania dusíme, kým nezmäkne. Špenát sceďte a poukladajte na predhriaty servírovací tanier. Navrch položte bravčové plátky a podávajte.

Vyprážané bravčové fašírky

za 4

450 g mletého bravčového mäsa (

1 plátok koreňa zázvoru, nasekaný

15 ml/1 polievková lyžica kukuričného škrobu (kukuričný škrob)
15 ml/1 polievková lyžica vody
2,5 ml/½ lyžičky soli
10 ml/2 ČL sójovej omáčky
olej na vyprážanie

Zmiešajte bravčové mäso a zázvor. Zmiešajte kukuričnú múku, vodu, soľ a sójovú omáčku, potom zmes vmiešajte do bravčového mäsa a dobre premiešajte. Vytvarujte guľky veľkosti vlašského orecha. Zohrejte olej a opečte bravčové guľky, kým nevystúpia na hladinu oleja. Odstráňte z oleja a prehrejte. Vráťte bravčové mäso do panvice a duste 1 minútu. Dobre sceďte.

www.ingramcontent.com/pod-product-compliance
Lightning Source LLC
Chambersburg PA
CBHW071432080526
44587CB00014B/1810